Lothar Tyb'l

Teupitz am See –

ein Schatz in der Mark Brandenburg

– Historischer Stadtführer –

Bibliografische Information Der Deutschen Bibliothek
Die Deutsche Bibliothek verzeichnet diese Publikation in der Deutschen Nationalbibliografie;
detaillierte bibliografische Daten sind im Internet über http://dnb.ddb.de abrufbar.

Herausgeber	Verein für Bildung, Kultur, Tourismus und Gewerbe im Schenkenländchen (BiKuT) e.V. Teupitz
Gestaltung	Dr. Lothar Tyb'l
Redaktionsschluss	1. März 2006
Umschlagfoto	vorn: Postkarte 1925, hinten: Postkarte 1928; Sammlung Klaar
1. Auflage	2006

Der Autor, Dr. phil. **Lothar Tyb'l**, Jahrgang 1937, wohnhaft in Berlin, Nutzer eines Wochenendgrundstücks am Teupitzer See, hat auf der Grundlage seiner als Hobby betriebenen Beschäftigung mit der Geschichte von Teupitz seit 1996 über 100 Artikel veröffentlicht und im Selbstverlag eine Schriftenreihe mit 12 Titeln herausgegeben. Zur Vorbereitung des 700-jährigen Jubiläums der Stadt im Jahre 2007 wurden die dazu erfolgten umfangreichen Recherchen im vorliegenden Buch in der Form eines ‚historischen Stadtführers' zusammengefasst und neu bearbeitet.

Das Werk ist einschließlich aller seiner Teile urheberrechtlich geschützt. Vervielfältigungen jeder Art oder Einspeicherungen in elektronische Systeme sind ohne Zustimmung des Herausgebers und Autors unzulässig.

© Weißensee Verlag, Berlin 2006
　　Kreuzbergstraße 30, 10965 Berlin
　　Tel. 0 30 / 91 20 7-100
　　www.weissensee-verlag.de
　　E-Mail: mail@weissensee-verlag.de

Alle Rechte vorbehalten

ISBN 3-89998-090-5

Logo des Vereins für Bildung, Kultur, Tourismus
und Gewerbe e.V. im Schenkenländchen
(Entwurf: Sandra Havenstein, Teupitz)

Geleitwort

Dieses Buch erscheint anlässlich der urkundlichen Ersterwähnung der Stadt vor 700 Jahren. Es ist kein übliches Standardwerk. Vorgelegt wird vielmehr ein origineller historischer Stadtführer. Bei einem Gang durch den Ort vermitteln etwa 100 Objekte und 250 Persönlichkeiten Geschichte und Geschichten unserer märkischen Kleinstadt.

Die Sach- und Detailkenntnis des Autors Dr. Lothar Tyb'l fruchtet in einer besonderen Lebendigkeit des Bandes und lässt Brücken aus der Vergangenheit bis in die Gegenwart finden. Seine spezifische Sicht wird zum Nachdenken, auch zum Vordenken anregen, Zustimmung und Widerspruch finden.

Nach der Schloss- und Stadtgeschichte aus dem Jahre 1902 von Franz Hoffmann und der Sußmann-Chronik von 1974/81 verfügt Teupitz damit über eine weitere wertvolle Darstellung seiner Geschichte.

Unsere Stadt ist in eine Phase eingetreten, die eine Konzentration auf ihr spezifisches Entwicklungspotential und die stärkere Einbeziehung der Bürger in die städtischen Angelegenheiten erforderlich macht. Diesem Anliegen wird der vorgelegte Band förderlich sein.

Im 'Zeitalter der Globalisierung' mit seinen Chancen und Gefahren befinden sich Teupitzer heute als Koch in der Schweiz, Ingenieur in China, Verkäufer in Afrika, Entwicklungshelfer in Kosovo, Niederlassungsleiter in Ungarn sowie Russland und wider jede Vernunft auch als Soldaten im Ausland.

Die Bedeutsamkeit und Anziehungskraft unserer Region kann nur zunehmen, wenn es gelingt, den Charme von Teupitz als 700-jährige brandenburgische Stadt am See, seine touristischen Traditionen, seine Erfahrungen als Gesundheitsstandort und seine geistig-kulturellen Entwicklungsansätze noch besser zur Geltung zu bringen. Wird es den hier Gebliebenen und Zugezogenen, jenen, die Verantwortung tragen und übernehmen wollen, gelingen, die besonderen Möglichkeiten unserer Region und ihrer Bewohner in neuer Ganzheitlichkeit zu entfalten?

Der 2004 gegründete 'Verein für Bildung, Kultur, Tourismus und Gewerbe e.V.' (BiKuT) dient diesem Ziel und fördert Initiativen, die seinem Vereinszweck entsprechen. Deshalb hat er die Herausgabe des im Januar 2006 vom Autor vorgelegten Buchmanuskripts übernommen.

Wir sind gewiss, dass der 'Stadtführer' in Teupitz, im Schenkenländchen und auch darüber hinaus Interesse, Verbreitung und Anerkennung finden wird. Gedankt sei allen, die diese Publikation ermöglichten.

Im Namen des Herausgebers BiKuT e.V.
Hilmar Stolpe

Der Anlass

"Wer in der Zukunft lesen will, muss in der Vergangenheit blättern." (André Malraux)

Der *11. Juni 1157*, an dem **Albrecht der Bär** aus dem Adelsgeschlecht der Askanier im Zuge der deutschen Ostkolonisation die Stadt ‚Brenabor' (Brandenburg) eroberte, gilt als Geburtstag der Mark Brandenburg. Der *11. November 1307*, an dem **Markgraf Hermann** von Brandenburg im Gefolge der deutschen Eroberung und Aufsiedlung des Teltow seiner Stadt Mittenwalde Holzungsrechte auf dem ‚tuptz' verlieh, gilt als Tag der urkundlichen Ersterwähnung des märkischen Teupitz. Die in der Stadt geplanten Festlichkeiten zu ihrem 700. Jubiläum sind deshalb eingebettet in das vielfältige Programm, welches anlässlich des 850. Geburtstages der Mark Brandenburg im Jahr 2007 zu erwarten ist.

1862 und 1912 gedachte die Stadt ihrer 400- bzw. 450-jährigen rechtlich endgültigen Zugehörigkeit zu Brandenburg/Preußen, die bis 1462 zwischen Sachsen, Böhmen und Brandenburg als umstritten galt. 1973 würdigte Teupitz den 600. Jahrestag der Verleihung seines Stadtrechts, obwohl diese mit großer Wahrscheinlichkeit erst um 1437 erfolgte und über Jahrhunderte arg begrenzt blieb. Das Jubiläum seiner urkundlichen Ersterwähnung begeht Teupitz damit im Jahre 2007 überraschenderweise zum allerersten Mal.

Die aus diesem Anlass gründlichere Hinwendung zur Stadtgeschichte hängt zusammen mit den tiefen Einschnitten zum Ende des 20. Jahrhunderts und dem daraus erwachsenen Bedürfnis nach Orientierungspunkten für die Zukunft der Kleinstadt sowie für die stärkere Ausprägung des städtischen Selbstbewusstseins. Diesem Anliegen ist der vorliegende ‚Stadtführer' verpflichtet.

Teupitzer See, Luftaufnahme d. A. 2000

Der Teupitzer See

Entstehung und Bedeutung

Die Errichtung des Schlosses und die Entwicklung des märkischen Teupitz sind vor allem den lebenspendenden Kräften des Teupitzer Sees zu verdanken. Seine Schönheit, sein Fischreichtum, seine Eignung als Wasserstraße waren entscheidende Triebkräfte der 700-jährigen Stadtgeschichte. Auch das gegenwärtige Leben der Teupitzer und ihrer Gäste, Gewerbe und Dienstleistungen, Verkehr und Tourismus, Freizeit und Erholung werden wesentlich von den Möglichkeiten und Anforderungen dieses Sees in der hügel- und seenreichen Grundmoränenlandschaft des ‚Teupitz-Köriser Seengebietes' geprägt. „Ja, was wäre Teupitz ohne den See. Wir wären längst ein Dorf…", zitiert Fontane die ‚Stern'-Wirtin.

Der in der ausgehenden Eiszeit vor ca. 15.000 Jahren entstandene See umfasst eine Fläche von etwa 500 ha, dehnt sich aus über eine Länge von ca. 4 km und eine durchschnittliche Breite von ca. 1,2 km. Seine durchschnittliche Tiefe beträgt ca. 4 m. Gespeist wird er durch kleine Zuflüsse aus der Umgebung. Mit neun weiteren Seen bildet er die seit alters her öffentliche Teupitzer Wasserstraße bis Prieros und ermöglicht die Verbindung bis Berlin auf einem der schönsten brandenburgischen Wasserwege. Zwei seiner Teilflächen haben sich im Sprachgebrauch inzwischen fast schon verselbständigt: der *Schweriner See* und der *Mielitz-See*.

Eine der märkischen Sagen – die *Nemissa-Sage* – rankt sich um den Teupitzer See. Dessen bekannteste Lobpreisung schrieb Theodor Fontane 1874 am Schluss des Teupitz-Feuilletons seiner ‚Wanderungen durch die Mark Brandenburg': *„So sah ich den Teupitz-See zuletzt, und ich habe Sehnsucht, ihn wieder zu sehen. Ist es seine Schönheit allein, oder zieht mich der Zauber, den das Schweigen hat?"*

Aussichtsturm bei ‚Tornows Idyll',
Postkarte um 1900, M. Sagner

Wasserturm auf dem Klinikgelände,
aus: von Manteuffel, Neubauten der Landesirrenanstalt
zu Teupitz, 1908

Aussichten auf See und Stadt

Zunächst waren es die Hügel, von denen aus sich die Reize der Teupitzer Seenlandschaft besonders erschlossen, die ca. 70 m ‚Hohe Bude' am Ost-, der ca. 60 m hohe ‚Amtmanns Weinberg' am Westufer des Sees und der ca. 40 m hohe, stadtnahe ‚Geesenberg'. Nach dem Erliegen des hiesigen Weinanbaus und der danach bald einsetzenden Bewaldung der Fluren rings um den See war die menschliche Baukunst gefragt, wenn man die Aussichten genießen wollte.

Die *Türme des Teupitzer Schlosses* gestatteten eine herrliche Aussicht über den See. Doch sie verschwanden mit dem Abriss des Schlosses um 1790. Es überrascht, dass bis heute keiner der nachfolgenden Schlosseigentümer diesen Verlust behob.

Als Fontane 1862 Teupitz besuchte, genoss er das Panorama vom *Geesenberg*: „Wohin wir blicken, vom Horizont her dieselbe Reihenfolge von Hügel, See und Heideland..." Seinem Blick folgte der Teupitzer Verleger Franz Spielmann 1925 mit vielen Postkartenmotiven. Doch der kleine Pavillon am Südhang des Geesenbergs ist dem Verfall preisgegeben und die einstige Aussicht verwachsen.

1896 errichtete Wilhelm Tornow einen *Aussichtsturm auf der Anhöhe seines Ausflugslokals ‚Tornows Idyll'*. Etwa 30 Jahre diente er den Einheimischen und Urlaubern. Der 1925 von Wilhelm Krüger auf Amtmanns Weinberg geplante Turm blieb auf dem Reißbrett.

1908 entstand der *Wasserturm der Landesklinik* mit einem 50 m hohen Dampfschornstein und einer ca. 30 m hohen Plattform, die einen wunderschönen Fernblick ermöglichte. Dieses Kennzeichen der Stadtsilhouette verfällt gegenwärtig mit den anderen seit 1994 ungenutzten Klinikgebäuden.

Klingespring, die sieben Quellen, die den Tornower- und auch den Teupitz-See speisen

Der Klingespring an der Südspitze des Tornower Sees, Postkarte 1929, O. Holaschke

Der Naturlehrpfad am Tornower See

Neben dem Teupitzer See gehört der Tornower See zu den natürlichen Kostbarkeiten im Schenkenländchen. Das veranlasste die Teupitzer Naturschutzgruppe unter Leitung von **Stephan Runge** in Zusammenarbeit mit Oberförster **Hans-Joachim Sommerfeld** und mit Hilfe der Stadt sowie der soziotherapeuthischen Einrichtung ‚Haus am See' (Tornow) 1995 einen Naturlehrpfad entlang des Sees anzulegen.

Wird die alte Tornower Dorfgaststätte ‚Zur Linde' als Ausgangspunkt gewählt, gelangt man nach einer ca. 1,5 km langen Wanderung zur ‚Hohen Mühle'. Gleich zu Anfang wird ein Röhrichtgürtel sichtbar, der zur Selbstreinigung des Sees beiträgt. Zur Mitte des Pfades überquert man den ‚Klingespring', das sprudelnde Quellgebiet des Sees unterhalb der Klingeberge mit üppigen Biotopen im Schatten über 200-jähriger Kiefern. Hier hat das Quellwasser seit der Eiszeit einen riesigen Erosionstrog geschaffen und den abgetragenen Sand als Schwemmfächer im See abgelagert. Im Mündungsbereich des Briesengrabens in den Tornower See hat sich ein urwüchsiger Erlenbruch gebildet. Links und rechts der weiteren Strecke können verschiedenste Baumarten und eigenartig geformte Kiefern bewundert werden. Dann fällt der Blick auf den ‚Bullwinkel', eine verwunschene Bucht, in welcher der ‚Bullgraben' in den See mündet und der eine kleine Insel vorgelagert ist. Rechts dahinter erhebt sich ein Hügel, der ‚Weinberg', welcher seinen Namen dem hiesigen Weinanbau im Mittelalter verdankt.

Am Ziel weckt ein sorgsam restaurierter privater Wohnsitz, die ‚Hohe Mühle', Erinnerungen an die einstige Mahl- und Schneidemühle und das geschätzte Wirtshaus, in welchem man beim Klingen und Schnarren der Sägen gestärkt und erfrischt wurde.

Schwerin am Teupitzsee, das dreifache Inseldorf.

Der Schweriner See, Teilfläche des Teupitzer Sees, Postkarte 1936, K.-H. Hofmeister

Der Schweriner See

Mit seinen etwa 100 ha ist der Schweriner See zwar nur ein Viertel so groß wie der Teupitzer See, aber von gleicher Schönheit und Anziehungskraft. Durch die weit in ihn hineinragende Halbinsel mit dem 1546 urkundlich erstmals erwähnten Dorf Schwerin erhält er ein ganz besonderes Gepräge. Doch es sollte bis Anfang des 20. Jahrhundert dauern, ehe die kleine und ärmliche Ansiedlung der Herrschaft Teupitz (1546–1717) bzw. der Herrschaft Königs Wusterhausen (1717–1872) von ihrer Lage am See profitierte.

Um 1900 setzte der Fremdenverkehr ein. Es entstanden die ersten Villen und die Gasthäuser *„Seglerslust'* und *„Seglerheim'* lockten die Ruderer, Segler und Motorbootsportler aus dem Berliner Umland herbei. An diese Traditionen will der ‚Alte Dorfkrug' an der Seestraße mit seiner im Jahre 2005 erfolgten Neugestaltung und Umbenennung in *‚Seekrug'* wieder verstärkt anknüpfen.

Besonders aktiv trat der im Jahre 1924 gegründete *„Segel-Club-Schwerin'* in Erscheinung. Er führte regelmäßig große Segelregatten auf dem Teupitzer See durch, an denen bis zu 150 Segelboote verschiedener Klassen teilnahmen. 1929 änderte er seinen Namen in *‚Yachtclub Teupitzsee e.V.'*, um dem gewandelten Charakter des Vereins besser Rechnung zu tragen und organisierte auch bedeutende Motorbootrennen.

1928 begann die Parzellierung und Bebauung des *Schweriner Horstes*, nachdem er durch die Auflösung des Rittergutes Teupitz der Gemeinde Schwerin zugeordnet worden war. Die Stimmen für seine Erhaltung als Naturdenkmal hatten in der Gemeindevertretung keine Mehrheit gefunden. Seitdem entwickelte er sich zu einem begehrten, seenahen Wohnviertel, dessen Attraktivität in der Gegenwart weiter zugenommen hat.

Das Schloss – *Ausgangspunkt und Herz der Stadtentwicklung*

Text der urkundlichen Ersterwähnung von Teupitz aus dem Jahre 1307
(Inhaltliche Übersetzung von **Eginhard Dräger***, Schwennenz, 2001, nach GStA / HA I / Rep. 8 Nr. 169a)*

„Wir wollen, dass unsere Gesetze und Schriftstücke ewiglich Bestand haben. Darum geschieht es, dass wir, Hermann, Markgraf zu Brandenburg, Markgraf zur Lausitz und Herr zu Henneberg, für alle diejenigen, die diesen Brief sehen, hören oder lesen offen bekunden und bezeugen, treuer Dienste wegen, die uns von unseren lieben getreuen Ratmännern und allen unseren gemeinen Bürgern geleistet wurden und weiterhin geleistet werden mögen mit diesem jetzigen Brief unserer Stadt Mittenwalde alle Holzungsrechte übertragen haben in den Wäldern, Brüchen und Gehölzen von Denekens Damm fort bis zu den Bestwinischen Bergen und dann weiter bis zu der Brücke über das Flies, das gewöhnlich Pupaw genannt wird, damit sie dort frei und friedlich, ohne Anfechtung und Hindernisse großes und kleines Holz zum Bauen und zum Brennen schlagen und hinwegführen können, unbehindert durch die von Plotzick und nachkommende Herren, die es in aller Zukunft auf dem Tuptz geben mag, also für immer im Besitz unserer fürstlichen Gabe. Wäre es so, dass alle genannten Stätten ausgeholzt und zerstört wurden, gestatten wir über unsere milde fürstliche Gabe hinaus, dass sie ohne irgendwelche Gefahr und ohne Widerspruch und Klage befürchten zu müssen, alles nötige Holz wie diesseits vom Tuptz auch jenseits davon gewinnen und wegschaffen können. Auf dass unsere Gabe der genannten Holzungsrechte unseren lieben Bürgern unserer Stadt Mittenwalde ganz und fest und unverrückbar bleiben soll, haben wir unser großes Insiegel an diesen Brief hängen lassen, wofür Zeugen sind die festen und lobwürdigen Bernt von Plotzick und Herr Frederick von Alveslewen, Herr Drosseken, Herr Busse von Gruvelhut und viele ehrliche andere Leute, die dabei waren. Dieser Brief ist gegeben worden in unserer Stadt Spandau nach Gottes Geburt im dreizehnhundertsiebenten Jahr, am Tage des heiligen Bischofs und Fürbitters St. Martin."

Urkundliche Ersterwähnung 1307

Die urkundliche Ersterwähnung von ‚Tuptz' (Teupitz) datiert aus dem Jahre 1307 und wurde 1315 ausdrücklich bestätigt. Sie liegt, wie bei den meisten mit der deutschen Ostkolonisation im 12. und 13. Jahrhundert entstandenen brandenburgischen Orten, nicht in der Ausnahmeform einer Gründungsurkunde vor, sondern in einer eher beiläufigen Verfügung des **brandenburgischen Markgrafen Hermann** über Holzungsrechte seiner Stadt Mittenwalde. Da aber diese Rechte bestritten wurden, sah sich sein Vetter, **Waldemar Markgraf von Brandenburg**, 1315 veranlasst, diese Rechte erneut zu verbriefen.

Wegen eines 100 Jahre später erneut aufflammenden Rechtsstreites wurden für das zuständige Amtsgericht Mittenwalde Abschriften beider Briefe angefertigt, die trotz des verheerenden Brandes 1473 in dieser Stadt erhalten blieben.

Diese gelangten mit den Resten des Archivs der Schenken von Landsberg in die Aktenbestände des Königlich-Preußischen Hausarchivs, nachdem das Teupitzer Schloss 1717 vom preußischen König erworben worden war. Deshalb können sie noch heute im Geheimen Staatsarchiv/Preußischer Kulturbesitz in Berlin-Dahlem eingesehen werden. **Rudolf Biedermann** unterzog 1933/34 beide Briefe einer wissenschaftlichen Prüfung und gelangte zum Ergebnis, dass sie trotz ihrer Abschrift im 15. Jahrhundert als echt gelten können. Er datierte lediglich den zweiten Brief auf das Jahr 1317 statt auf das Jahr 1315. In Ermangelung anderer Schriftfunde bis heute gelten beide Briefe als die ersten und einzigen Zeugen des Beginns der neueren Geschichte von Schloss und Stadt Teupitz. Alle historischen und heimatkundlichen Arbeiten stützen sich auf diese Quellen.

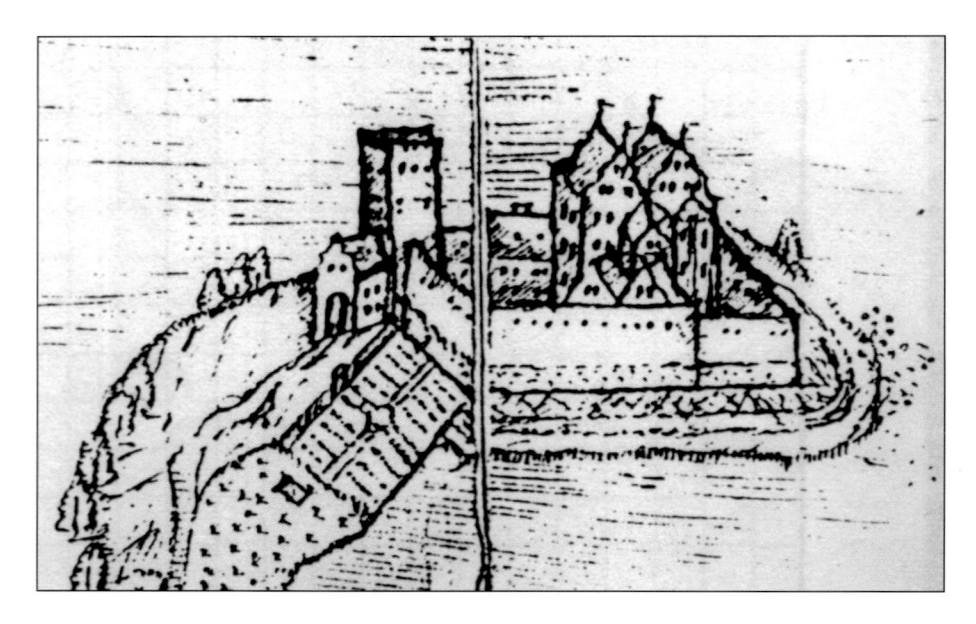

Schloss Teupitz im Jahre 1685. Sußmann-Chronik S. 10 nach GStA/ BPH/ Rep.45 G/ Nr.10

Das Schloss 1307–1812

1307–1330 Errichtung und Sitz des brandenburgischen Adelsgeschlechts derer von **Plötzke**.

1330–1717 Residenz der **Schenken von Landsberg**, die vorher ihren Stammsitz im anhaltinischen Landsberg bei Halle hatten. Ihr Teupitzer Schloss erhob sich auf einem Grundriss von ca. 29 m x 21 m drei Stockwerke hoch mit zwei Giebeln – vergleichbar dem auf Umbauten der Schenken zurückgehenden Schloss in Königs Wusterhausen. Fast 400 Jahre dominierte das Wappen dieses Adelsgeschlechts im südlichen Teil Brandenburgs, ein silberner Schild mit einem aufrechten schwarzen Löwen.

Inschriftstein an der Ostseite der Heilig-Geist-Kirche
Der Edle Otto Schenk von Landsberg

1717–1812 Amt der königlich-preußischen Domänenverwaltung, Sitz eines Amtmanns. Eine Stele vor der Heilig-Geist-Kirche erinnert an den **Oberamtmann Ludwig Bein**, eine Grabplatte an der Südseite der Kirche an die Ehefrau des **Oberamtmanns Carl Friedrich Westphal**.

Auf königliche Order wurde das Schloss 1788–1791 wegen Baufälligkeit fast vollständig abgerissen. Nur die Hälfte des untersten Stockwerkes wurde beibehalten und für den königlichen Amtmann als schlichtes eingeschossiges Gutshaus mit Mansardendach umgebaut.

Erhalten sind von dem einst stolzen Schenkenschloss heute allein Reste der starken Schlossmauer und des stadtseitigen Wachturms.

Schloss Teupitz, Postkarte 1930, nach einem Bild von H. Litzmann, gefertigt um 1860

Das Schloss 1812–1945

1812–1927 Rittergut und selbständiger Gutsbezirk. Häufiger Eigentumswechsel bis **Baron von Parpart** das Schloss 1860 erwarb und einen neuen Aufschwung einleitete, der bis zu seinem Tode im Jahre 1910 anhielt. Von Parpart erweckte den Weinanbau auf dem Schlossterrain und initiierte am Teupitzer See die erste künstliche Fischzucht in Brandenburg. Aktiven Widerstand erntete er wegen der widerrechtlichen Sperrung der öffentlichen Zufahrt zum Teupitzer See von 1903–1910. Voller Stolz präsentierte von Parpart über dem Hauptportal des Gutshauses sein Wappen, ein blaues Schild mit zwei roten Balken.

1930–1934 Hotel und Restaurant ‚Schloß am Teupitzsee'. Nach der 1927 gesetzlich verfügten Auflösung der Rittergüter kaufte der Berliner Großkohlenhändler **Paul Hamburger** das Schloss und eröffnete nach umfangreichen Umbauten am 15. 6. 1930 ein Hotel, dass in kurzer Zeit zu einer gefragten Adresse wurde. Am 11.10.1930 verkaufte Hamburger das Hotel an den Berliner Brauer **Georg Ziebarth**. Als Naziaktivist machte dieser es zu einem Treffpunkt der NSDAP, trotzdem ging er 1934 in Konkurs.

1937–1945 Kunstgewerbliche Produktionsstätte im NS-Geist mit Näherei, Holzschnitzerei und Hauswirtschaft. Über dem Schlosstor prangte das ‚germanische' Symbol vom Rad der Arbeit und Baum des Lebens. Die Schlossherren, **Karla Drabsch**, Ortsgruppenleiterin der NS-Frauenschaft und **Gerhart Drabsch,** SS-Obersturmführer im Rasse- und Siedlungshauptamt der SS, verfolgten nach eigenen Worten ‚ein soziales, kulturelles und kaufmännisches Programm, welches zugleich echt nationalsozialistisch' war. 1945/48 erfolgte die Enteignung und Überführung des Schlosses in Volkseigentum.

1954 *1995*

Schlossansichten, Postkarten, Teupitzarchiv d. A.

Das Schloss 1945–2005

1945–1956 Wohnsitz für Umsiedler, öffentliches Kulturzentrum, Konferenzstätte, Kinderferienlager und Ferienheim eines Berliner Außenhandelsbetriebes. Der Wiederaufbau des Schlosses begann ab 1949 in einem freiwilligen Gemeinschaftswerk der Bevölkerung unter Leitung der SED-Kreisfunktionäre **Willi Prietzel** und **Walter Warneke** sowie des Rangsdorfer Architekten **Willi Hermann**.

1956–1989 Betriebsferienheim für **Mitarbeiter des Zentralkomitees** (ZK) und Parteiveteranen der SED, mit 20 Zimmern in einfacher Ausstattung. 1984–1986 durchgehende Modernisierung und Erweiterung auf 60 Zimmer. Die weitgehende Abschottung des Heims erzeugte viel Unmut in der Bevölkerung. Heimleiter: **Erwin Schmidt** und **Hasso Urbanski, Chefkoch Reinhold Franke**. 1973/74 Aufnahme und Betreuung **chilenischer Emigrantenfamilien** nach dem Militärputsch Pinochets.

1990–2005 ‚Schlosshotel Teupitz'. Mit der Wende wurde das Heim 1990 von der PDS in die Hotelkette ‚Belvedere' überführt und öffentlich zugänglich. Nach Vollzug der deutschen Einheit verkaufte die Treuhand das Objekt an den Hauptgesellschafter des privaten Bankhauses Löbbecke & Co, **Konsul Vollmer**. Unter Leitung der Hoteldirektoren **Dr. Krause** und später **Felicitas Schmidt** erzielte das Hotel für kurze Zeit hohe Anerkennung in der Region. Die öffentlich gemachten Bau- und Investitionspläne mit einer Summe von 40 Mill. DM scheiterten.

Das Schloss wurde am 27. Juli 2005 schließlich zwangsversteigert und von dem neuen Bevollmächtigten, **Dr. Georg Thaler**, vorerst geschlossen. Seine Zukunft ist derzeit ungewiss.

Gruss aus Teupitz. Marktplatz.

Marktplatz Teupitz vor 1904, Postkarte, Archiv d. A.

Die Stadt – *Aufstieg vom Burgort zur selbstbewussten Kommune*

Stadtrecht um 1437

Zunächst entwickelte sich Teupitz als zentraler Burgort (ab 1307) und Kirchenort (ab 1346). Seine erste Erwähnung als Stadt erfolgte *1437*. Wie diese Bewidmung vor sich ging, kann in Ermangelung eines Stiftungsbriefes nicht gesagt werden. Wahrscheinlich liegt eine eigenmächtige Handlung der Schenken von Landsberg vor. (Biedermann).

Die weitere Entwicklung von Teupitz vollzog sich als *Residenzstadt en miniature*, als adlige *Mediatstadt*, die dem Land nur mittelbar (medial), über eine zwischengeschaltete hoheitliche Macht, erst den Schenken, dann den königlichen Amtmännern unterstand, keine Vertretung im Landtag hatte, nur über gewisse Stadtrechte verfügte (u. a. Gewerbe-, Markt-, Brau-, Hütungs- und Holzungsrechte; keine Justiz- und Polizeirechte) und zu Natural-, Dienst- bzw. Geldleistungen gegenüber ihrer Herrschaft verpflichtet war. Als Residenzstadt sollte Teupitz bis zum Verkauf des Schlosses an das preußische Königshaus im Jahre 1717 erheblichen, später nicht wieder erlangten Einfluss in der südlichen Region Brandenburgs erhalten. Seinen dörflichen Charakter verlor es trotzdem nie; 1899 überlegten die Stadtväter sogar, den Status der Stadt abzulegen, um die Bezüge für den neu zu wählenden Bürgermeister zu minimieren. Doch der Stolz überwog, zu den kleinsten und historisch ältesten brandenburgischen Städten zu zählen.

Den Charakter einer Mediatstadt mit arg begrenzten Stadtrechten verlor Teupitz erst mit der preußischen Städtereform 1808, dem Verkauf des Schlosses seitens des Könighauses 1812 und der daraus resultierenden Beendigung der Vorherrschaft der königlichen Amtsmänner.

*Landeswappen und Landesflagge Brandenburgs,
aus: bpb/ Deutsche Wappen und Flaggen, 1998*

Anschluss an Brandenburg 1462

Die Teupitzer Herrschaft konstituierte sich zwar im Zuge der deutschen Ostkolonisation um 1307 als brandenburgisches Lehen, blieb aber dann bis 1462 Grenzregion und Zankapfel sächsischer, böhmischer und brandenburgischer Politik. 1328 hatte Markgraf Ludwig die Herrschaft Teupitz an Herzog Rudolf von Sachsen verpfändet. Die von ihm belehnten Schenken von Landsberg betrieben angesichts der Grenzlage eine sehr selbstbewusste Politik und schlugen sich immer jener Macht zu, die ihren Interessen am günstigsten schien. Als es am 13. Oktober 1461 zu einer förmlichen Kriegserklärung Böhmens gegen Brandenburg kam, wurde unter den Böhmens Unzufriedenheit erregenden Angelegenheiten auch der Teupitzer Sache gedacht. Der brandenburgische Kurfürst beugte dem Kriegsausbruch durch in Guben am 5. Juni 1462 persönlich geführte Verhandlungen vor, in deren Verlauf u. a. der Besitz von Teupitz rechtlich endgültig Brandenburg zugestanden wurde.

Zur Feier der vierhundertjährigen Erinnerung an den 5. Juni 1462 gaben der Magistrat und die Stadtverordneten 1862 eine Schrift heraus, welche die Verbindung von Teupitz mit dem Brandenburgisch-Preußischen Staate besonders huldigte. Am 5. Juni 1912 wurde von einem großen Stadtfest ein Telegramm an den Deutschen Kaiser gesandt, in welchem **Bürgermeister Rösener** dem Hohenzollernhaus die unverbrüchliche Treue der versammelten Bevölkerung versicherte. Des 500. Jahrestages im Jahre 1962 wurde nicht mehr gedacht, da durch die Auflösung Preußens nach 1945 und die Verwaltungsreform 1952 das Land Brandenburg aufgelöst worden war, dies nicht mehr opportun erschien und offensichtlich auch in Vergessenheit geraten war. Ob 2012 der 550. Jahrestag des Anschlusses gewürdigt wird, dürfte von dem Fortgang der Fusion Brandenburgs mit Berlin abhängen.

Gruß aus dem Schenkenländchen — Der Marktplatz in Teupitz

Marktplatz, Postkarte um 1905, Archiv d. A.

Marktplatz

Der Platz wurde nicht planmäßig angelegt. Er entstand aus den Häuserreihen, welche die drei hier zusammentreffenden Straßen, die Post-, die Kirch- und die Baruther Straße, am höchsten Punkt der Ansiedlung säumten. Über Jahrhunderte diente der *Platz im ursprünglichen Wortsinne* den Kram-, Flachs-, Woll- und Viehmärkten, die zu den Vorrechten der Stadt zählten und mit der Befugnis, städtische Gewerbe zu betreiben, verbunden waren. Rings um den Markt waren die Geschäfte und Sitze der Innungen konzentriert. Die Stadt konnte einen Vieh- und Güterzoll bzw. Marktbuden-Standgeld und bis 1900 einen Dammzoll bei Eintreffen der Händler in der Stadt erheben. Im ersten Drittel des vorigen Jahrhunderts zeugten 5 Gaststätten, 2 Bäckereien, 1 Fleischerei, 2 Kolonialläden, 1 Schlosserei, 1 Reederei und die Apotheke vom regen Markttreiben.

Erst in den letzten 100 Jahren wurde der Markt *politisch* geprägt. 1904 entstand das Kaiser Wilhelm- und Kriegerdenkmal. 1934 erfolgte die Umbenennung des Marktes in ‚Adolf-Hitler-Platz'. In der DDR wurde das Denkmal 1966 zum Mahnmal für Frieden und Antifaschismus umgestaltet.

Die uralten Eichen und Linden überdachen den Markt wie ein Baldachin. Bis ins 20. Jahrhundert schmückten Weinspaliere viele der Häuser. Seit 1900 wird auch der *gärtnerischen Gestaltung* des Marktes mehr oder weniger große Aufmerksamkeit geschenkt.

Über die Versetzung des Kriegerdenkmals in die 1995 neu gestaltete Kriegsgräberstätte und die *Umwandlung* des Marktes in ein Zentrum zur Würdigung der friedlichen Arbeit der Bürger und in einen anziehenden Treffpunkt städtischen Lebens wird derzeitig diskutiert.

Rathaus Teupitz am Markt, Postkarte 1964, Archiv d. A.

Stadteigenes Rathaus 1830

Das 1830 vollendete 2000-Taler-Projekt hatte zwei Voraussetzungen – die preußische Städteordnung von 1808 mit weitaus größeren Rechten zur kommunalen Selbstverwaltung (Finanz-, Schul-, Sozialwesen) und die Beendigung der Vormundschaft der königlichen Amtsmänner durch den Verkauf des Schlosses im Jahre 1812 in Privathand. Wenn auch das Schloss mit dem Gutsbezirk bis 1927 neben der Stadt eigenständig weiter existierte, konnte sich die Stadt nunmehr selbständiger entfalten.

Das massive Rathaus verfügte über einen Sitzungssaal, ausgestattet von einem namhaften Spender mit einem Eichentisch und 10 Stühlen, davon einer mit geschnitztem Stadtwappen, über Büro und Diensträume für den Bürgermeister und den Polizeidiener sowie ein Polizeigefängnis. Als erster Bürgermeister residierte hier **Carl Wilhelm Gottgetreu** von 1830–1856, dessen Haus am Markt 17 – das Gottgetreu-Haus – heute der ev. Gemeinde gehört und auf Erbpacht noch immer als Wohnhaus genutzt wird. 1899 wurde auf dem Rathaushof ein Armenhaus angebaut, wofür ein angesehener Bürger 2000 Mark gespendet hatte.

Der *1910* erfolgte Aus- und Umbau durch den Architekten Paul Sagert gab dem Rathaus seine bis heute erhaltene Gestalt. Nach der Wende konnte 1998 mit Fördermitteln eine ca. 880 TDM teure Modernisierung und wesentliche Erweiterung vorgenommen werden. Der alte Sitzungssaal mit dem Stadtwappen im wertvollen Glasfenster dient heute auch als Standesamt.

Stadtdienste im Auftrag des Rates erfüllten über Jahrzehnte die ‚Gemeindediener' **Fritz Lorenz, Wilhelm Bennewitz** und noch heute **Udo Krüger**.

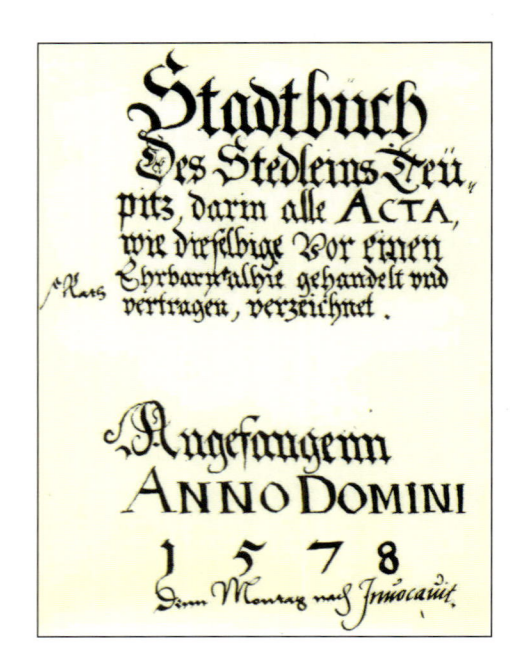

Deckblatt des Stadtbuchs, Foto H. Sußmann *Stadtsiegel, Foto D. Meier*

Stadtsiegel um 1437, Stadtbuch 1578

Über ein *eigenes Stadtsiegel*, als Ausdruck verliehener Stadtrechte, verfügt Teupitz wahrscheinlich schon seit dem 15. Jahrhundert. Es stellt einen Fisch dar, eingerahmt von zwei Wasserlilien, über dessen Rücken ein Kreuz zu sehen ist. Der Fischreichtum des Teupitzer Sees, die Ursprünge der Stadt als Ansiedlung slawischer Fischer, die am hiesigen See früher stark verbreiteten Wasserlilien und die mit der deutschen Ostkolonisation einhergehende Christianisierung standen offensichtlich dem Schöpfer dieses Siegels vor Augen.

Die Stadt Teupitz verfügt mit ihrem originalen *1578* begonnenen *Stadtbuch* über einen seltenen, nur wenigen brandenburgischen Städten eigenen Schatz. Das im Rathaus aufbewahrte, ledergebundene, mit Ornamentik im Renaissancestil geschmückte Buch enthält viele verschiedene Dokumente, Akten der freiwilligen Gerichtsbarkeit und Mitteilungen aus der Stadtgeschichte, ist jedoch keine geschlossene Chronik. Leider wird es der Öffentlichkeit weitgehend vorenthalten und ist erst durch das Wirken der Chronisten **Sußmann** (um 1975) und **Hofmeister & Sommerfeld** (1999) wieder dem Vergessen entrissen worden.

Eine Übersetzung ins Hochdeutsche und damit in eine für alle Einwohner lesbare Form liegt noch nicht vor, obwohl seine Bedeutung schon 1905 von **Prof. Willy Spatz** in dessen Standardwerk zur Teltowgeschichte gewürdigt wurde. Beispielsweise zitiert Spatz aus der Erbschaftsurkunde der Frau **David Sturtzkopfs** vom 2. Juli 1580, die als Zeugen den Pfarrer **Thomas Cernick** nennt und aus der Schenkungsurkunde zweier Ehegatten aus dem Jahre 1584, die von dem Lehrer **Andreas Cramer** als ‚kaiserlicher Notar' unterschrieben wurde.

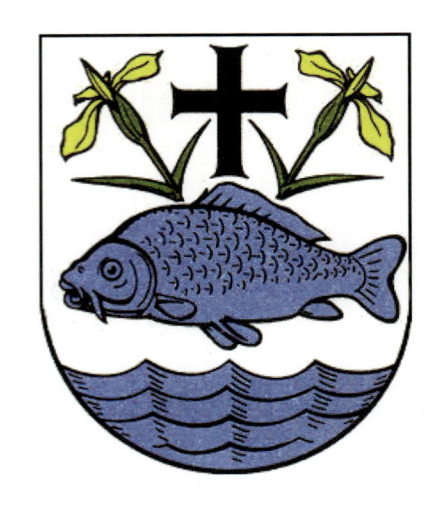

*Stadtwappen von Teupitz
nach der Hauptsatzung von 1999*

Stadtfahne von Teupitz

Stadtwappen und Stadtfahne 1927

Die Stadtverordnetenversammlung beschloss am 22.4.1927 die Originalfassung des Wappens: *"Das Stadtwappen zeige auf silbernem Schilde einen bläulichen* (nicht blauen) *nach links* (nicht rechts) *gerichteten Karpfen über bewegtem, grünem* (nicht blauem*) Wasser, darüber ein schwarzes Kreuz, von zwei naturalistischen* (nicht natürlichen) *Wasserlilien mit grünen Stängeln nebst Blättern und gelben* (nicht goldenen) *Blüten besaitet."* (Der Märker, 21.6.1927). Das mit § 3 der Hauptsatzung von 1999 neu festgelegte Wappen weicht von diesem Original ab. Die nicht selten verwendete Mauerkrone ist nur als historisches und eher irreführendes Beiwerk zu sehen, das wegen der nie vorhandenen Stadtmauer und dem dörflichen Charakter der Stadt in der Originalfassung von 1927 bewusst weggelassen worden war.

Auf der gleichen Versammlung wurde erstmals die neu geschaffene Stadtfahne entrollt und der Öffentlichkeit vorgestellt. Ausgehend von den Teupitzer Stadtfarben grün und weiß umschlossen zwei lindgrüne Felder das mittlere weiße Feld mit dem Stadtwappen. Der Bürgermeister sprach den Wunsch aus, dass die Stadtfahne in bösen wie in guten Tagen die Bürgerschaft zur Einigkeit mahnen möge.

Dass Teupitz 1927 den Gebrauch von Wappen und Fahne einführte, zeigt, wie lange die einstige Mediatstadt benötigte, um ihrem Selbstbewusstsein auch mit dem 1918 neu gestalteten Wappenrecht Ausdruck zu verleihen. Ihr Aufschwung durch den Fremdenverkehr seit 1900, die stimulierenden Wirkungen der 1908 eröffneten Heil- und Pflegeanstalt sowie die 1927 endlich verfügte Auflösung des selbständigen Gutsbezirkes Schloss Teupitz lagen dieser Wandlung zugrunde.

Teupitz am See, Postkarte 1940, Archiv d. A.

Stadtname ‚Teupitz am See' 1927

Der Name Teupitz verweist auf den Ursprung als wendisches Fischerdorf. Er wird im Wendischen mehrfach gedeutet; am ehesten bezieht er sich auf die ‚stumpfe' (altwendisch ‚tuptz') Südspitze des Teupitzer Sees oder auf die hier einst stark verbreitete Eiche (wendisch ‚tup'), erweitert um die für Ortsbezeichnungen typische Endsilbe -itz.

Am 5. September und 4. Oktober 1927 beschlossen Magistrat und Stadtverordnetenversammlung künftig die Ortsbezeichnung ‚Teupitz am See', Schenkenländchen, anzuwenden. In dem vierseitigen Genehmigungsschreiben an den Regierungspräsidenten *(BLHA Rep.8 Teupitz Nr.* 117) wurden folgende Gründe angeführt:

1. Die unmittelbare Lage von Teupitz am Teupitzer See ist vielen Brandenburgern nicht bewusst.
2. Der Teupitzer See ist als ein mit Schönheiten reich begnadetes Idyll noch zu unbekannt.
3. Der Fremdenverkehr ist eine Haupteinnahmequelle der unter der Steuerlast leidenden hiesigen Geschäftsinhaber.
4. Die gewünschte Bezeichnung ist seit Jahrzehnten im privaten Schriftverkehr Brauch.
5. Die Kosten für die amtliche Umbenennung sind nicht so erheblich.

Die Genehmigung wurde erteilt. Doch im Verlauf der Geschichte ging aus irgendwelchen Gründen dieser Namenszusatz verloren. Die Stadt beantragte die Wiederaufnahme dieses Namens bisher nicht, obwohl die genannten Gründe noch gelten dürften. Die 1928 gestellten Anträge der Gemeinden Schwerin und Tornow für den Zusatz ‚am See' wurden abgelehnt. Die Charakterisierung von Teupitz als eine *Perle der Mark* wurde mit dem aufstrebenden Fremdenverkehr ab 1900 gebräuchlich.

Gruß an Teupitz a. See

Der Stadt Teupitz freundlichst gewidmet Text u. Musik v. R. Meyer

Sei gegrüßt liebes Teupitz am Teupitzer See,
ich grüß Dich aus der Ferne!
Ach wie oft denke ich an den Wald auf der Höh',
dort weilte ich so gerne.
Du bist ein Städtchen so niedlich und klein,
komm ich zu Dir, will fröhlich ich sein.
Sei gegrüßt, sei gegrüßt liebes Teupitz
am Teupitzer See.

Liebst du sehr die Natur, so recht einsam und still
und willst dich dran erfreuen,
fahr hinüber von Teupitz nach 'Tornows Idyll',
das wirst du nicht bereuen.
Und kehrst du abends gemütlich heim,
dann stimm' mit mir das Liedchen ein.
Lebe wohl, lebe wohl liebes Teupitz
am Teupitzer See.

Ich habe Sehnsucht, Dich wieder zu sehn,
so schrieb schon einst Fontane.
Wenn Winde die weißen Segel bläh'n,
leicht schaukeln mit dem Kahne.
Wo einst regierte des Raubritters Faust,
ein friedliches Bürgervölkchen haust.
Oh wie schön, oh wie schön ist Teupitz
am Teupitzer See.

Teupitzlied: ‚Sei gegrüßt liebes Teupitz am Teupitzer See…' 1928

Am Himmelfahrtstag 1928 unternahmen die etwa 100 Mitglieder des Berliner Sturmschen Musik- und Quartettvereins eine Herrenpartie nach Teupitz. Sie zogen mit Musik in die Stadt ein und machten im Gasthof ‚Zum goldenen Stern' Rast. Mittags gab der Verein auf dem Marktplatz ein Instrumental- und Vokalkonzert. Auf Anregung von Bürgermeister Schäfer, der selbst mit Flötenkonzerten bei Stadtfesten auftrat, widmete ein Vereinsmitglied, der Berliner Musiklehrer **Robert Meyer,** der Stadt Text und Noten eines Marsches.

Zum ersten Mal erklang der Marsch beim Königsmahl der Teupitzer Schützengilde im ‚Goldenen Stern' am 26. Januar 1929. An den Pfingstfeiertagen des gleichen Jahres brachte die damals weithin bekannte **Kapelle Kermbach** den Marsch im Rundfunk und zu einer Veranstaltung im Berliner Zoo zu Gehör. Der Teupitzer Spielmann-Verlag gab 1929 die abgebildete Postkarte heraus, die im oberen Teil lustige Gäste im Stadtbad zeigt, darunter die Noten des Marsches mit unterlegtem Text wiedergibt und so für dessen weite Verbreitung sorgte. Die Schützengilde erklärte das Lied zu ihrem Parademarsch.

Aus vielerlei Gründen ging der Marsch im Alltag verloren. Seit 2002 nahm sich der unter Leitung von **Helmut Krüger** und **Kurt Lasseur** gegründete Seniorenchor wieder des speziellen Teupitzer Liedgutes an. Er machte das Teupitzlied und den ebenfalls 1928 zum ‚Teupitzer Seefest' komponierten *Foxtrott* von **Carl Alfredy** *„Die Liebe erwacht, sie kommt über Nacht am Teupitzsee"* wieder stadtbekannt. Der in der Weimarer Zeit geschätzte Berliner Komponist fühlte sich durch die stimmungsvolle Atmosphäre in ‚Tornows Idyll' zu dem bejubelten Foxtrott angeregt. Seit dessen Wiederaufführung zur Eröffnung des Fontaneparks am 17. Mai 2003 ist das Lied ein Markenzeichen des Seniorenchores.

Treffen vor der heutigen ‚Bauernschänke' am Markt um 1912, Postkarte, Archiv d. A.

Herkunft der Bevölkerung

(Einwohnerzahl mit den drei Ortsteilen: 1800= 707 Ew, 1900= 1471 Ew, 2000= 1813 Ew)

Die Lage am See, der Stadtname, viele Flur- und Familiennamen verweisen auf eine slawische (wendische) Fischersiedlung vor der deutschen Ostkolonisation. Die Besiedlung mit deutschen Ackerbauern ging nur allmählich voran und wohl nur deshalb, weil die Expansionsbestrebungen des sächsischen Meißens und Brandenburgs hier aufeinander trafen. Noch kurz vor 1700 wurde in der Teupitzer Gegend wendisch gesprochen, so dass die Teupitzer Pfarrer lange einen Kaplan anstellen mussten, welcher der Gemeinde die deutsche Bibel und die deutsche Predigt übermitteln konnte. Die Kolonisten, insbesondere Bauern und Handwerker, kamen vor allem aus Westfalen, dem Rheinland, Holland und Flandern. Sie verschmolzen in einem längeren Prozess mit den altansässigen slawischen Einwohnern und wurden Brandenburger. Slawische Bräuche, Sagen oder Sprachen wurden hier im Zuge der Christianisierung und Germanisierung so gut wie vollständig verdrängt.

Durch die Dienstleistungen für das Schloss und die verliehenen Stadtrechte entwickelten sich in Teupitz neben den Fischern und Ackerbauern vor allem die verschiedenen Handwerker, Händler, Kaufleute und Gewerbetreibende. Mit dem verstärkten Güterverkehr auf der Teupitzer Wasserstraße ab 1749 und der Personenschifffahrt ab 1900 kamen Schiffer, Schankwirte und artverwandte Berufe hinzu. Die 1908 eröffnete Klinik ließ sprunghaft die Kranken- und Pflegeberufe ansteigen. Nach dem I. und II. Weltkrieg wurden Umsiedler aus den ehemals deutschen Ostgebieten ansässig. Die Entdeckung als Erholungsgebiet machte Teupitz anziehend für Intellektuelle, die hier ihren Wohn- oder Sommersitz nahmen, die Zeltplätze oder eine Datsche nutzten. Diese soziale Differenzierung hat die Leitung der Stadt nie leicht gemacht, ihr aber zugleich beträchtliche Möglichkeiten aktiver Mitgestaltung der Bürger eröffnet.

Rädern, Holzschnitt 1548, aus: Wochenpost Nr. 18/1977

Hans Kohlhaase um 1535

Durch Heinrich von Kleists Novelle ‚Michael Kohlhaas' (1804/05) ist dieser Mann auch vielen Teupitzern in Erinnerung geblieben, obwohl die historischen Ereignisse um ihn schon 500 Jahre zurückliegen. Doch nur wenigen ist bewusst, dass **Hans Kohlhaase** (ca. 1500–1540) um *1535* auch die Teupitzer Herrschaft mit seinen Mannen durchstreifte. Auf dem Marktplatz ging er offen spazieren, in der Hohen Mühle und in der Mittelmühle fand er Unterschlupf und wurde selbst von der verwitweten **Schenkin Katharina von Biberstein** geduldet. Die Teupitzer Schenken hatten sich wegen einer ausstehenden Geldschuld selbst zehn Jahre in einer Privatfehde mit den Herzögen von Sachsen befunden und sahen Kohlhaase solange zu, wie sich seine Überfälle und Raubzüge auf sächsische Gebiete erstreckten. Unter dem einfachen Volk genoss der Pferdehändler aus Cölln und Rebell Hans Kohlhaase vielfach Anerkennung, Hochachtung und Hilfe, sodass es der Obrigkeit schwer fiel, seiner habhaft zu werden. Die Angelegenheit Kohlhaase wurde zu einem Politikum, dass dem sächsischen Herzog und dem brandenburgischen Kurfürsten nicht wenig Sorgen bereitete. Im Februar 1540 überfiel er einen kurfürstlichen Silbertransport und ließ dem Kurfürsten ausrichten, er werde das Silber unverzüglich zurückgeben, wenn ihm endlich zu seinem Recht verholfen wird. Daraufhin lockte ihn dieser unter einem Vorwand nach Berlin, wo Kohlhaase mit seinen Gefährten verhaftet und schließlich am 22. März 1540 durch Rädern öffentlich hingerichtet wurde. Seine beeindruckende Verteidigungsrede, in welcher er noch einmal die ganze Geschichte des ihm widerfahrenen Unrechts, beginnend mit der Entwendung seiner Pferde, schilderte, endete mit dem Ausruf: ‚Das Recht muss Recht bleiben und sollte darüber die Welt zugrunde gehen.'

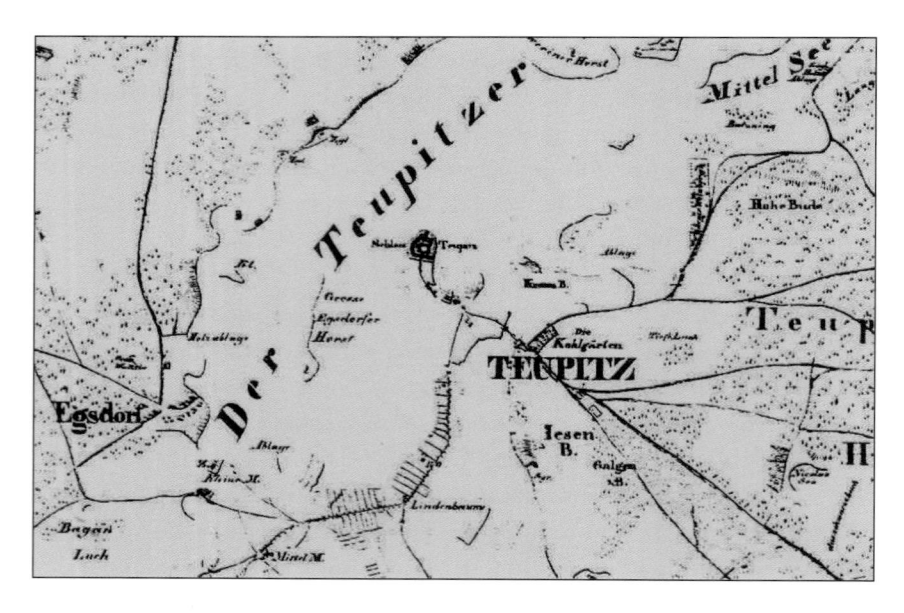

Der Galgenberg, heute Teil des Klinikterrains, Karte von 1841, Archiv d.A.

Letzte Hinrichtung am Galgenberg 1769

Im Preußen Friedrichs des Großen (1712–1786), das für seine Toleranz oft über Gebühr gelobt wird, fanden noch öffentliche Hinrichtungen statt, in Teupitz die letzte *am 31. Januar 1769* auf dem Galgenberg. Auf aktuellen Karten ist dieser nicht mehr verzeichnet, da sein Terrain 1905–1908 in den Bebauungsplan der Landesklinik einbezogen wurde.

Der königliche **Amtmann Ludwig Bein** verkündete am 23. Januar 1769 dem in Ketten vorgeführten **Hanschke** das Todesurteil durch ‚Rädern' und erteilte den Zimmerern, Radmachern, Schmieden und Schneidern in der Stadt die Aufträge zur Vorbereitung der Hinrichtung. Da der Galgenberg mit Fichten bewachsen war, wurde ein Platz von 30 Ruten Länge und 12 Ruten Breite frei geschlagen *(1 Rute= 2,5–5m)*. Am 29. Januar traf der zuständige **Scharfrichter Kuhn** aus Mittenwalde mit seinen Leuten in Teupitz ein. Auf Geheiß des Amtmanns versammelten sich am 31. Januar ½ 9 Uhr alle 70 Bürger, bewaffnet mit einem Gewehr oder, wer keines besaß, mit einer Heugabel, auf dem Markt und formierten sich zur Begleitung des Verurteilten hinauf zum Galgenberg.

Nach einem kurzen Gebet des Geistlichen ergriffen die Henker den Hanschke und flochten ihn aufs Rad, das auf ein Zeichen des Scharfrichters in Bewegung gesetzt wurde. Der zerstoßene und zerschundene Körper, in dem alle Knochen gebrochen waren, wurde beerdigt. Erst dann verließen die Zuschauer die Hinrichtungsstätte. Die Bezahlung aller beteiligten Gewerke, des Geistlichen und der Ratsmänner erfolgte am 5. Mai durch den königlichen Justitiar Ehrhardt auf dem Amt im Schloss.

Eduard Schäfer 1902, Foto F. Hoffmann

*Johannes Schäfer, links sitzend, 1928,
Foto K. Lehmann*

Bürgermeister

Besondere Verdienste für die Stadt erwarben in früheren Jahrhunderten **Christoff Ideler** (1691–1707), **Carl Wilhelm Gottgetreu** (1830–1856) und **Eduard Schäfer** (1867–1899).

Schäfers Sohn, der historisch interessierte **Johannes Schäfer,** amtierte 1922–1935. Er prägte während der Weimarer Zeit in besonderer Weise das städtische Selbstbewusstsein: Stadtwappen, Stadtfahne, Stadtlied, Stadtfest und neuer Stadtname zählen zu seinen Verdiensten. Konsequent orientierte er die Gemeinde auf den Fremdenverkehr als Entwicklungschance. 1933 verteidigte er zunächst das Selbstverwaltungsrecht der Kommunen gegen das Führerprinzip und stellte sein Amt nach Inkrafttreten des ‚NS-Gemeindeverfassungsgesetzes' am 1.1.1934 zur Verfügung. Gealtert, angefeindet und am Ende seiner Beamtenlaufbahn, passte er sich an und amtierte kommissarisch noch bis 1935. Er wohnte in der Poststrasse 6 und starb 1949 in seiner Heimatstadt, der er 1930 mit seinem Gedicht ‚Mein Teupitz' eine Liebeserklärung gemacht hatte.

Auch das Wirken der Bürgermeister in der DDR, darunter **Kurt Freygang** (1970–1975), **Maria Wenske** (1975–1977), **Waltraut Schäfer** (1977–1982) und **Dieter Meier** (1989–1990) ist durch ihren unermüdlichen Einsatz für die Kommune hervorzuheben.

Seit 1990 ist der Zahnarzt **Dr. med. Karsten Kuhl** (1961) Bürgermeister der Stadt, 2003 zum dritten Mal gewählt. Der städtebauliche Aufschwung in der Nachwendezeit, ermöglicht durch den Einsatz umfangreicher Fördermittel, über die kein Bürgermeister vorher je verfügen konnte, findet besondere Anerkennung.

Familie, Wohnhaus, Passfoto 1949, Fotos G. Sachse

Ehrenbürger der Stadt 1922: Sanitätsrat Dr. med. Albert Gutzmann

Dr. med. Gutzmann (27.4.1868–21.5.1949) entstammt einer berühmten Ärztefamilie, die zu den Wegbereitern der Sprach- und Stimmheilkunde in Deutschland zählt. Er praktizierte in Teupitz vom 1.10.1897 bis zu seinem Lebensende und errang wegen seines aufopferungsvollen ärztlichen Einsatzes für die Einwohner deren Achtung und Anerkennung.

Dank seiner Bemühungen konnte 1900 die erste Apotheke in Teupitz eröffnet, die städtische Volksbibliothek 1901 eingeweiht, 1911 der Obst- und Gartenbauverein gegründet und 1928 ein Schachclub gebildet werden. Noch bedeutsamer war sein ehrenamtliches Wirken als stellv. Bürgermeister, Beigeordneter, Vorsteher der Stadtverordnetenversammlung und 1914–1918 als amtierender Bürgermeister. Seine kommunalpolitisch produktivsten Jahre erlebte er in der Weimarer Republik an der Seite von Bürgermeister Johannes Schäfer. Mit ihm verteidigte er das Selbstverwaltungsrecht der Kommunen als ein Grundrecht der Bürger gegen die Nazis. 1933 quittierte er den ehrenamtlichen Dienst. Die Kommission zur Entnazifizierung bestätigte nach 1945 seine einfache Mitgliedschaft in der NSDAP und war bemüht, ihn zum Wiederaufbau der Stadt zu gewinnen. So lange seine Kräfte reichten, verschloss er sich dem nicht.

Sein Wohnhaus mit einer Pergola ähnlichen Toreinfahrt an der ‚Gutzmannstraße' war eine viel besuchte Adresse. An dem beeindruckenden Familiengrab auf dem städtischen Friedhof fehlt leider eine Gedenktafel für diesen Ehrenbürger. Dem ärztlichen Beispiel Dr. Gutzmanns folgt **Dr. med. Ursula Jaworski**, die bereits seit dem 1. November 1980 die Teupitzer medizinisch umsorgt.

Hans Sußmann und Ehefrau Charlotte 1982

*Ihr Miethaus seit 1945, Gutzmannstraße 10,
Fotos d. A.*

Ehrenbürger der Stadt 1982: Hans Sußmann

Hans Sußmann (23.6.1897–3.4.1985) kam aus einem gutbürgerlichen, vermögenden Elternhaus. Seine jüdische Mutter prägte in besonderer Weise seine Kindheit und Jugend. Im Gymnasium meldete er sich 1914 freiwillig zum Militär. Kriegserlebnisse im I. Weltkrieg bewirkten seinen Beitritt zum antimilitaristischen ‚Genter Bund' und die Wahl in einen Soldatenrat. Nach Kriegsende erlernte er den Beruf eines kaufmännischen Angestellten, wurde selbständiger Vertreter und Inhaber eines Seifen- und Kosmetikgeschäfts in Berlin/Neukölln. 1925 trat er der KPD bei und war 1933–1945 illegal antifaschistisch in der Berliner KPD und in der Schulze-Boysen/Harnack-Organisation tätig.

Von der Besetzung am 27. 4. 1945 bis zur Kommunalwahl am 15. 9. 1946 wirkte er als Bürgermeister von Teupitz und bis 1949 als Bezirksbürgermeister des von der SMAD zeitweilig geschaffenen Südbezirks des Kreises Teltow. Die Sicherung der Lebensgrundlagen der Einwohner, der Wiederaufbau der kommunalen Verwaltung, die Entnazifizierung, die Bodenreform und die Schulreform gehörten zu seinen wichtigsten Aufgaben.

1950–1963 arbeitete er als Verwaltungsleiter und vertrauensvoller Partner des ärztlichen Direktors der Nervenklinik. Im Mittelpunkt seiner Verantwortung standen deren Finanz- und Baufragen. In seiner Zeit wurden das ‚Sängerheim' betriebseigenes Kulturhaus und das alte Schützenhaus Betriebskindergarten; es entstanden neue städtische Sportstätten (Sportplatz, Tennisplatz, Badestelle).

Nach seiner Pensionierung widmete er sich der Stadtgeschichte. Der Rat der Stadt gab 1974/81 seine viel gelesene chronistische Betrachtung ‚Teupitz und das Schenkenländchen' heraus. Die 1982–1983 verfasste 200-seitige Autobiographie ist noch unveröffentlicht.

Bekanntmachung.

Zwecks Bildung eines

Arbeiter- und Soldatenrates für Teupitz

findet am Sonntag, den 17. November 1918, nachmittags 5 Uhr, im Saale des Gastwirts Hermann Lange

eine **Versammlung** statt,

zu der sämtliche über 20 Jahre alten Einwohner hiesiger Stadt eingeladen werden.

Teupitz, den 15. November 1918.

Der Soldatenrat der Garnison Pätz.

Bekanntmachung im: General-Anzeiger für die Kreise Teltow und Beeskow-Storkow, 17.11.1918

Arbeiter- und Soldatenrat 1918

Im November 1918 entstanden im Gefolge der Novemberrevolution Arbeiter- und Soldatenräte in Deutschland und übernahmen teilweise die Macht. Im Kreis Teltow unterschrieb neben dem Landrat von Achenbach der Vorsitzende der ‚Zentralstelle der Arbeiter- und Soldatenräte des Kreises Teltow', Alexander Pagels, alle Anordnungen.
In Teupitz wurde, ausgehend von einer Bekanntmachung des Soldatenrates der Garnison Pätz, im ‚Restaurant Marwitz' am 17.11.1918 in einer Versammlung aller männlichen und weiblichen Einwohner über 20 Jahre ein Arbeiter- und Soldatenrat gewählt. Mitglieder waren zunächst der Ackerbürger **Paul Koch, sen.** (1874–1955), der Wärter **Bruno Kusche** und der Invalide **Otto Henow**. Seine Vertreter nahmen an Rätekonferenzen in Berlin teil. Am 27. 4. 1919 wurde darüber hinaus ein Bauern- und Landarbeiterrat für Teupitz/Egsdorf gewählt, dem aus Teupitz die Landarbeiter **Franz Warbinsky** und **Ernst Lademann** sowie der Landwirt **Hermann Dauert** angehörten. Die Räte arbeiteten eng mit dem am 23.10.1918 neu gewählten Bürgermeister **Paul Lehmann** zusammen. Ihre Aufgaben waren die Aufrechterhaltung der Ruhe, Ordnung und Sicherheit und die Einziehung aller Waffen und Munition, die Bekämpfung des Schleichhandels und die Überwachung der gerechten Verteilung der Lebensmittel.
Nach der Wahl der Nationalversammlung am 19.1.1919 und dem Inkrafttreten der Weimarer Verfassung am 11.8.1919 wurden die Räte schrittweise entmachtet; im Betriebsrätegesetz vom 4.2.1920 lebte ihre Erfahrung fort. In Teupitz beschloss die Stadtverordnetenversammlung am 14.1.1920 die Auflösung des hiesigen Arbeiterrats und entzog Koch, Henow und Kusche die Ausweise.

Die Hakenkreuzfahne auf allen öffentlichen Gebäuden gehißt!

Teupitz, 9. März

Gestern mittag 1 Uhr wurde am Rathaus in Teupitz die Hakenkreuzfahne durch unsere SA und SS feierlichst gehißt. Gleichzeitig hißten die Deutschnationalen die schwarz-weiß-rote Flagge. Nach einer kurzen Ansprache durch den Ortsgruppenleiterstellvertreter Pg. Dahm wurde das Horst Wessellied und das Deutschlandlied gesungen. Darauf holte man die schwarz-rot-gelbe Fahne aus dem Rathause und verbrannte sie auf der Straße.

Desgleichen wurde am Schulhaus die Hakenkreuzfahne gehißt und die Schandfahne verbrannt. Derselbe Akt wurde noch am Verwaltungsgebäude der Landesanstalt vollzogen. Während überall die abgewirtschafteten Fahnen bereitwilligst herausgegeben wurden, erfuhr die Aktion an der Reichspost eine Verzögerung, da der diensthabende Beamte die Herausgabe der Fahne verwehrte. Nach Eintreffen des Postmeisters wurde jedoch auch hier die Fahne alsogleich freigegeben.

Meldung aus: Der Märker, 10.3.1933

Aus der Rede zur Umbenennung des Marktplatzes in Adolf-Hitler-Platz am 1. Mai 1934:

„Deshalb sind unsere Herzen erfüllt von hoher Verehrung und tiefinnerlicher Liebe zum Volkskanzler, und wir glauben, unserer Dankbarkeit nicht schöner und besser Ausdruck verleihen zu können, als dass wir unseren Marktplatz mit seinen knorrigen, altehrwürdigen Eichen und Linden, den schönsten Platz, den wir besitzen, nach ihm ‚Adolf-Hitler-Platz' nennen...

Aber nicht nur dieser Platz, sondern ganz Teupitz soll unserem Führer gehören. Und wir, wir geloben aufs Neue an dieser für uns heiligen Stätte...: In unerschütterlicher, unwandelbarer Treue und unbedingtem Gehorsam stehen wir in guten und in bösen Tagen zu Dir, unserem Führer Adolf Hitler."

Brandenburgisches Landeshauptarchiv (BLHA), Rep. 8 Teupitz Nr. 117

Naziherrschaft 1933

1933 errang die im Frühjahr 1931 gebildete Ortsgruppe der NSDAP in der märkischen Kleinstadt die Macht. Die Spuren kommunistischen Einflusses wurden getilgt, sozialdemokratische Kräfte ausgeschaltet und vorher dominierende deutsch-national gesinnte Bürger integriert oder beiseite geschoben.

Bei den Reichstagswahlen 1930 hatte die NSDAP in Teupitz 10%, 1933 46% erhalten. Die Kommunalwahlen am 12. März 1933 brachten den Nazis mit 250 von 730 gültigen Wahlstimmen 5 der 14 Sitze in der Stadtverordnetenversammlung. Sie sicherten sich die Vorherrschaft, indem sie die erneut gewählten Sozialdemokraten, Schneidermeister **Arthur Beyer,** die Landwirte **Paul Koch, jun.** und **Otto Hofmann,** als Stadtverordnete hinauswarfen, weil sie sich weigerten, das Horst-Wessel-Lied zur Eröffnung mitzusingen. Von der Ortsgruppe der SA wurden die KPD- und SPD-Mitglieder durch Hausdurchsuchungen und Beschlagnahme von Parteimaterialien unter Druck gesetzt. Arthur Beyer, der 1910 die Ortsgruppe der SPD gegründet hatte, wurde kurzfristig verhaftet. Die linken Abgeordneten waren sich in diesen Tagen ihres Lebens nicht mehr sicher.

Der Nazi-Ortsgruppenleiter und Abgeordnete **Hans Grunzke** vertrat den Bürgermeister in Interimszeiten und der NSDAP-Abgeordnete **Hermann Graupner** übernahm den Posten des Stadtverordnetenvorstehers. 1938 trat SS-Obersturmführer **Walter Schroeter** aus Potsdam das Amt des Bürgermeisters an. Die Schulleiter, Kantor **Hermann Figula** (1932–1938) und **Erich Beske** (1938–1945), der Verlagsleiter **Franz Spielmann,** der evangelische **Pfarrer Rothe** (1907–1936), der Chef der Landesklinik **Dr. Felix Großmann** (1939–1945) und der Stadtarzt **Dr. med. Kurt Sachse** (1933–1945) schwenkten auf die NS-Bewegung ein, wie die Mehrheit der Beamten aus der Stadtverwaltung und die gleichgeschalteten Vereine.

Nicolaus Bodlovic, Foto 1944, A. Gunder

Bauamt, 1941–1945 Arbeitskommando Nr. 1129, Foto 2001, d. A.

Serbische Kriegsgefangene 1941–1945

Auf Antrag des Teupitzer Bürgermeisters, SS-Obersturmführer Schröter (1938–1945), wurde 1941 im Gebäude des heutigen Bauamtes in der Lindenstraße das Arbeitskommando Nr. 1129 des Kriegsgefangenen-Mannschaftsstammlagers (Stalag) III A Luckenwalde eingerichtet.

8–12 serbische Kriegsgefangene waren in zwei Räumen mit Doppelstockbetten und einem Aufenthaltsraum untergebracht. Sie trugen ihre alten Uniformen ohne Rangabzeichen. Die Bewachung erfolgte durch zwei Wachmänner des Landes-Schützen-Bataillons 334/4. Kompanie aus Mahlow. Als Hilfswachmann wurde ein wehruntauglicher Teupitzer vereidigt. Das Objekt war eingezäunt mit Stacheldraht und einem Holztor. Die Gefangenen wurden tagsüber vorrangig für landwirtschaftliche Arbeiten auf den zugeteilten Bauernhöfen, im Schloss und in der Mittelmühle eingesetzt, deren männliche Arbeitskräfte gewöhnlich zur Wehrmacht eingezogen waren. Sie erhielten einen Niedriglohn.

Aus den Akten wurden folgende Namen ermittelt: **Dusan Duric, Ivan Budic, Ljubomir Becejac, Johann Bozic, Nicolaus Bodlovic, Dusan Miric, Macesic, Petar Pekic, Spanovic, Stephan Matic, Milekovic,** und der **Franzose Deboudt.** Soweit bekannt ist, dominierten in den Alltagsbeziehungen auf den Höfen weniger die rassistischen und nationalistischen Werte der Nazi-Ideologie, wenngleich dies von dem jeweiligen Arbeitgeber verheimlicht wurde und auf den Höfen sehr differenziert war.

Mit der sowjetischen Besetzung der Stadt 1945 erfolgte die Auflösung des Lagers. Kontakte zu den ehemaligen Kriegsgefangenen und eine Erinnerungstafel am Bauamt gibt es nicht.

Kommandantur am Markt 1945 *Sowjetische Ärztin 1945, bpk/Fotos J. Donderer*

Befreiung 1945, sowjetische Kommandantur

Am *27. April 1945* wurde die Stadt im Gefolge der Halber Kesselschlacht von der Roten Armee besetzt und von der NS-Herrschaft befreit. Das dunkelste Kapitel der Ortsgeschichte fand sein Ende, die Befehlsgewalt über die Stadt erhielt die *sowjetischen Kommandantur*. Als Stadtkommandant wirkte der Moskauer Künstler **Major Dobredejew,** zur Leitung gehörten: Major Bechtjereff für politische Fragen, Hptm. Kanontschik für Industrie- und Wirtschaftsfragen, Hptm. Winogradow für Landwirtschaft und Obltn. Petrow für Fragen der Versorgung. Der Kommandant setzte den Kommunisten **Hans Sußmann** als Bürgermeister ein. Der Prozess der Entnazifizierung wurde vollzogen und der Stadt ein demokratischer Neubeginn eröffnet. Die im Juni 1945 zugelassenen Ortsgruppen der SPD, KPD und der CDU bestimmten unter Kontrolle der SMAD das politische Leben.

Mit den *Kommunalwahlen am 15. September 1946* ging die kommunale Entscheidungsgewalt auf die gewählten städtischen Organe über. Für das Stadtparlament stellte die CDU 10 und die im Frühjahr 1946 gebildete SED 6 Abgeordnete, nachdem bei den Wahlen 538 gültige Stimmen auf die CDU und 362 auf die SED entfallen waren. Bürgermeister wurde zunächst der Uhrmachermeister und CDU-Kandidat **Hermann Faller.** Die Abgeordneten und ‚Aktivisten der ersten Stunde' waren von der CDU: Malermeister Rudolf Conrad, Schriftsteller Richard Nicolas, Hausfrau Hilde Großmann, Tischler Bruno Reske(?), Pfleger Emil Marquardt, Kaufmann Richard Johne, Fuhrunternehmer Herbert Rau, Vertreter Richard Rau, Tischler Martin Schwietzke und Hermann Faller sowie von der SED: Landwirt Paul Koch, jun., Angestellter Hans Sußmann, Direktor der Landesklinik Max Glaser, Fahrbereitschaftsleiter Paul Schultze, Schneidermeister Arthur Beyer und Hausfrau Helene Gropp.

Zum Schicksal der in diesen Jahren in *sowjetischen Internierungslagern* inhaftierten Teupitzer Bürger wurden in der Broschüre des Autors ‚Die Schatten des Adolf-Hitler-Platzes' erste Recherchen veröffentlicht.

*Ehemalige Kaserne eines Truppenteils des Wachregiments
im Forst Massow, Foto 2000 d. A.*

Garnisonsstadt 1764–1994

Eine in der hiesigen Idylle kaum vermutete, sehr lange und in unterschiedlicher Weise ausgeübte Funktion, die das Leben der Kommune mehr oder weniger beeinflusst und geprägt hat – die Garnison.

1764–1772	Neben Mittenwalde Garnisonsstadt des 1744 neu aufgestellten preußischen Feldjäger-Bataillons.
1813	Zeitweilige Stationierung einer russischen Kosaken-Abteilung unter Oberst Davidow während der napoleonischen Befreiungskriege.
1879	Private Einquartierung von zwei Kompanien des Berliner Kaiser Alexander Garde-Grenadier-Regiments No.1. Am 31.8.1879 Einweihung eines in Schwerin errichteten Denkmals für dessen Kompaniechef Hptm. Ernst Kurts, der bei einer Segelpartie auf dem See verunglückt war.
1914–1918	Umfunktionierung großer Teile der Heil- und Pflegeanstalt zu einem Militärlazarett.
1915	Vorbereitung der Maschinengewehrabteilung des Elisabeth-Regiments auf dessen Kriegseinsatz.
1927	Einwöchige private Einquartierung der Abt. D der Artillerieschule Jüterbog zu einer Funkübung.
1932	Feldübung und Beförderungsball der 1. Eskadron des Fürstenwalder Reiterregiments.
1941–1945	Speziallazarett der deutschen Wehrmacht in der Heil- und Pflegeanstalt.
1945–1994	Stationierung eines Hospitals der Sowjetarmee im größten Teil der früheren Anstalt.
1960–1989	Vielfältige Beziehungen zum Wachregiment Berlin ‚Feliks Dzierzynski', das 1960 einen Truppenübungsplatz und ab 1968 eine Kaserne im Forst Massow sowie zwei Wohnblöcke für Berufssoldaten in Tornow errichtete. Am 26.10.1968 Parade und militärisches Zeremoniell der Vereidigung auf dem Sportplatz und Manöverball im ‚Kulturhaus' sowie im ‚Schenk von Landsberg'.

Die alte Spritze und das erste Spritzenhaus am Markt, Postkarte um 1907, Archiv d. A.

Freiwillige Feuerwehr 1907

Eine der notwendigsten und höchste Opferbereitschaft fordernden Organisationen ist zweifellos die Freiwillige Feuerwehr. Erinnert sei hier an den größten Brand in der Stadtgeschichte vom *26. November 1687,* dem fast alle, damals noch mit Rohr gedeckten Häuser zum Opfer fielen. Nachdem es um 1900 zu einigen größeren Bränden in Teupitz und Umgebung gekommen war, wurde *1907* die Freiwillige Feuerwehr Teupitz gegründet. Der Aufgabenbereich zum Schutz von Hab und Gut, oft auch des Lebens der Bürger hat sich verändert. Nach Waldbränden zählen Verkehrsunfälle mehr und mehr zu ihren Aufgaben. 2007 kann die Feuerwehr bereits über einen erfolgreichen 100-jährigen Weg Bilanz ziehen.

Zu den ersten Mitgliedern zählten Paul Lehmann, Max Schulz, Ferdinand Möbis, Albert Schiemenz und Rudolf Dochan, zu den verdienstvollen Wehrleitern **Ludwig Lorenz** (1945), **Paul Hoffmann** (1951), **Rudi Hoffmann** (1972) und **Volker Boßdorf** (seit 1977).

Als erstes Spritzenhaus der Stadt diente *1907* das kleine, die Wasserstation für das Schloss bergende Gebäude vor der Kirche. Anlässlich des 20-jährigen Jubiläums konnte *1927* das Feuerwehr-Gerätehaus in der Lindenstraße neben der Schule eingeweiht werden. *1996* wurde auf Beschluss der Stadtverordnetenversammlung das neue, moderne Gebäude an der Bergstraße errichtet, zu welchem der Landkreis 450 TDM Fördermittel beisteuerte. Bis zu seiner Schließung 1943 traf sich die Wehr im Gasthaus ‚Zur goldner Sonne' am Markt, seit dem offiziellen Einweihungsfest am 24. Mai 1997 kommt sie in ihrem neuen Geräte- und Vereinshaus zusammen.

Die Teupitzer Stadtwehr und ihre Kameraden der Ortswehren Egsdorf, Neuendorf und Tornow, besonders deren Frauen- und Jugendmannschaften, genießen die Wertschätzung der Einwohner für ihren unermüdlichen Einsatz.

Postamt und Postomnibus, Postkarte 1928, Archiv d. A.   *Ansicht des Postamtes, Foto d. A. 2005*

Kaiserliches Postamt 1910

Das ansehnliche Postamt wurde im Jahre *1910* eröffnet; seiner Errichtung lag ein vorausschauender Beschluss der Teupitzer Stadtverordneten aus dem Jahre 1907 zugrunde. Durch den seit 1900 anwachsenden Fremdenverkehr und den Bau einer Heil- und Pflegeanstalt in den Jahren 1905–1908 war das Bedürfnis nach einer umfassenderen Post- und Fernsprechverbindung beträchtlich gestiegen. Seit 1840 gab es in Teupitz eine Botenpost und später verkehrte eine Postkutsche. Die 1897 eingerichtete Postagentur bei **Bäckermeister Merten**, dann bei **Kaufmann Lenz**, reichte nun nicht mehr aus.

An dem Gebäude prangte unübersehbar die Inschrift *‚Kaiserliches Postamt'*, Ausdruck des staatlichen Charakters der Post und Hinweis auf seine Entstehungszeit, die Wilhelminische Ära. Der Personenkult um Wilhelm I., Deutscher Kaiser von 1871–1888 und Wilhelm II., Deutscher Kaiser von 1888–1918, drückte sich auch in solchen Bezeichnungen aus. Mit der Novemberrevolution 1918/19, der Abdankung Wilhelm II. und dem Übergang vom Kaiserreich zur Republik verschwand mit dem Kaiserrelief auf dem Denkmal am Markt und dem monströsen Kaiserporträt im Sitzungssaal der Stadtverordneten auch der ‚kaiserliche Vorname' am Postamt.

Als schlichtes *‚Postamt'* leistete es den Teupitzern nahezu 90 Jahre treue Dienste bis zur umstrittenen Privatisierung der Deutschen Bundespost in der Nachwendezeit. Das Postgebäude wurde 1998 geschlossen und nach mehreren Jahren des Leerstands im Jahre 2004 zur privaten gewerblichen und *Wohnnutzung* verkauft. Der Eigentümer hat es denkmalgerecht saniert und modernisiert und ihm die ursprüngliche Bezeichnung zurückgegeben, als Ausdruck des souveränen Umgangs mit dessen Geschichte.

Wärterdorf an der Berg- u. Waldstraße, aus: von Manteuffel, Neubauten der Landesirrenanstalt zu Teupitz, 1908

Wachstum der Stadt

Wärterdorf 1908, Auflösung des Gutsbezirkes 1927

1908. Mit der Errichtung der Heil- und Pflegeanstalt entstand ein ansehnlicher neuer Ortsteil, *das Wärterdorf*. Die 13 eingeschossigen Häuser mit ausgebautem Dachgeschoss wurden an zwei Ortsstraßen erbaut, davon 5 Zwei-, 4 Vier- und 3 Sechs-Familienhäuser sowie 1 Acht-Familienhaus, insgesamt 52 Familienwohnungen. Die sich vor einem Jahrhundert ausbreitende soziale Idee der Werkswohnungen von Großbetrieben und der Öffentlichen Hand bescherte der Kleinstadt einen nie gekannten schnellen Zuwachs an Einwohnern. Die Folgen der im Jahre 2005 erfolgten Privatisierung dieser Wohnungen bleiben abzuwarten.

Zugleich entstand 1910 unter Leitung des Architekten **Paul Sagert** das wichtige, seit 2004 denkmalgeschützte *Ensemble der ‚Lindenstraße'*: Die stadteigene Schule, das Hotel und Restaurant ‚Schenk von Landsberg', die Kaiserliche Post und zwei ansehnliche Wohnhäuser.

1927. Die Weimarer Republik verfügte gesetzlich die Auflösung der Rittergüter, darunter des seit 1812 neben der Stadt bestehenden selbständigen *Gutsbezirkes Schloss Teupitz*. Das Schloss, das 500 Jahre die Stadt dominierte, dann 100 Jahre neben ihr existierte, wurde mit seinen Ländereien der Stadt Teupitz (rd. 387 ha) sowie den Landgemeinden Schwerin (rd.154 ha) und Groß Köris (rd. 117 ha) zugeordnet. Teupitz erhielt die Schlosshalbinsel, den Teupitzer See, den Egsdorfer Horst als Erholungsgebiet und mit dem Kohlgarten und Baumgarten zwei weitere geschätzte Wohnviertel, in denen durch zügig erstellte Bebauungspläne begehrte, seenahe Wohn- und Wochenendhäuser entstanden.

Hütte im Kohlgarten, 1940		*Hans Gollwitzer, 1940, Fotos H. Gollwitzer*

Der ‚Kohlgarten' 1927

Seinen Namen verdankt dieses Wohnviertel seiner früheren Nutzung als Kohlgarten des Schlosses. Mit der Aufteilung der Ländereien des Schlosses 1927 entstand hier auf der Grundlage eines städtischen Bebauungsplanes ein begehrtes Terrain für Wochenend- und zum Teil für Wohnhäuser. Seit 2002 liegt ein neuer Planentwurf für die generelle Wohnbebauung dem Kreis zur Bestätigung vor.

Hans Gollwitzer (1892–1973). Arzt, während des Krieges Oberstabsarzt eines Wehrmachtslazaretts, nach 1945 Chefarzt des Kreiskrankenhauses in Memmingen (Bayern). Im Spätsommer 1944 gewährte er dem ‚Halbjuden' und Kommunisten Hans Sußmann den illegalen Aufenthalt in seinem hier errichteten Wochenendhaus. Hans Sußmann wurde nach dem 8. Mai 1945 Bürgermeister in Teupitz.

Heinz Gronau (1912–1977). Mechaniker, Generalmajor (1966). 1930 KPD-Mitglied, nach 1933 politischer Häftling: 1936–1938 Zuchthaus Brandenburg, 1938–1945 KZ Buchenwald, beteiligt am Aufstand zu dessen Selbstbefreiung. Militärlaufbahn in der DDR, 1962 Staatsexamen als Dipl.-Militärwissenschaftler in Moskau. 1962–1972 Kommandeur des Wachregiments Berlin ‚Feliks Dzierzynki'. Wochenendgrundstück im ‚Kohlgarten' 1971–1977.

Margret Boveri (1900–1975). Eine der bedeutendsten deutschen Journalistinnen des 20. Jahrhunderts. Sie erwarb 1936 im ‚Kohlgarten' ein Grundstück und lebte bis ca. 1946 in ihrer Berliner Wohnung und in dem hiesigen kleinen Holzhaus. In dem Buch ‚Tage des Überlebens. Berlin 1945' beschreibt sie ausführlich auch ihre Erlebnisse und Erfahrungen in Teupitz, wo sie die Familie des SS-Offiziers Gerhart Drabsch auf dem Schloss und den Nachkriegsbürgermeister Hans Sußmann kennenlernte.

Egsdorfer Horst, Karte 1929

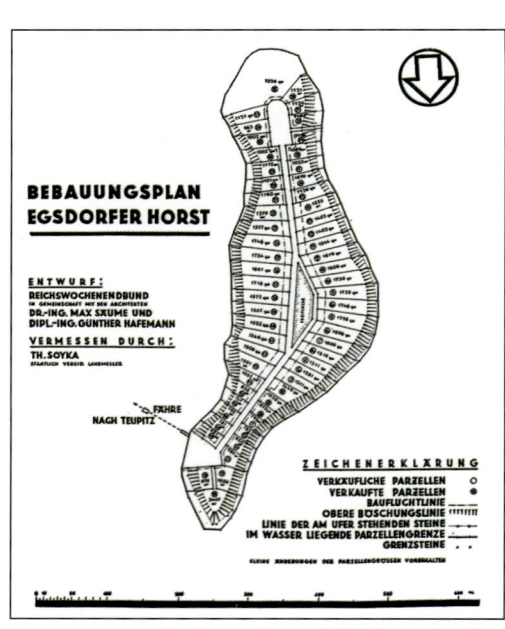

*Egsdorfer Horst, B-Plan 1928,
H. Boche*

Egsdorfer Horst 1927

Diese Insel gehörte Jahrhunderte zu den Ländereien des Schlosses und wurde zeitweilig von ihm landwirtschaftlich genutzt. Bei Aufteilung des Rittergutes 1927 wurde sie Eigentum der Stadt und auf der Grundlage eines 1928 von der Stadt beschlossenen Bebauungsplanes parzelliert, von der Märkischen Wochenend-Gesellschaft mbH schrittweise verkauft, 1930 durch einen regelmäßigen Fährbetrieb mit Teupitz verbunden und ab 1979 mit elektrischem Strom versorgt. Nach der Wende wurde der Bebauung nur Bestandsschutz zugebilligt und die Insel nicht zum Sondergebiet für Erholung erklärt.

Wegen zahlreicher, gesellschaftspolitisch bedingter Nutzerwechsel in den DDR-Jahren wurden nach dem 3.10.1990 viele Rückübertragungsansprüche geltend gemacht. Namhafte Mediziner, Künstler und Funktionäre hatten sich auf der Insel angesiedelt, unter ihnen der Chemiker und Präsident des Nationalrats der Nationalen Front der DDR, **Prof. Dr. Erich Correns** (1896–1981).

Prof. Dr. Moritz Mebel (1923). Arzt, weltweit anerkannter Urologe. Als Kind politischer Emigranten in Moskau aufgewachsen. 1941–1945 Oberleutnant der Roten Armee, Mitarbeiter der SMAD bis 1948, Medizinstudium und Arzt in der UdSSR bis 1958; ca. 30 Jahre Chefarzt bzw. Direktor der urologischen Kliniken in Berlin-Friedrichshain und an der Charité. Seit 1962 Nutzer eines Inselgrundstücks.

Arno Breker (1900–1991), einer der Lieblingsbildhauer Hitlers und Nutznießer des Naziregimes kaufte 1939 das Grundstück eines jüdischen Eigentümers auf der südlichen Inselspitze. Nach 1945 wurde er von der SMAD enteignet. Die Rückübertragungsansprüche seiner Erben nach 1990 wurden abgewiesen.

Die Liebesinsel, Postkarte 1963, Archiv d. A.

Liebesinsel 1875

Die 1ha große Liebesinsel oder Tornows Werderschen wurde *1875* aus dem Fonds der Schloßländereien durch Baron von Parpart an den Techniker Franz Greiner verkauft. Bis 1928 wechselten häufig die Eigentümer. 1907–1911 war sie im Besitz der ‚Künstlerkolonie Teupitzwerder GmbH', deren Ansiedlungsplan jedoch scheiterte. Nach dem Kauf durch den jüdischen Anwalt **Dr. Leo Koplowitz** 1928 beschloss die Stadt 1930 einen Besiedlungsplan, auf dessen Grundlage in den 30er Jahren die Parzellierung, der Verkauf, die teilweise Bebauung und die Aufnahme des Fährbetriebs erfolgte.
Nach 1945 blieb die Insel von den Alteigentümern ungenutzt; die Grundstücke wurden 1952 der staatlichen Verwaltung zugeführt und von der Stadt Teupitz verpachtet. Die 1992 erhobenen Rückübertragungsansprüche der Jewish Claims Conference wurden erst 2005 endgültig abgelehnt.

Bert Heller (1912–1970). Maler, Prof. und Rektor der Hochschule für bildende und angewandte Kunst in Berlin-Weißensee, Schöpfer bedeutender Porträts. Er bewohnte von ca. 1951–1967 auf der Liebesinsel ein Sommerhaus mit Atelier, das 1937 von dem Maler **Walter Lindgens** (1883–1978) erbaut und von diesem bis 1945 genutzt worden war. Für Teupitz malte Heller das wertvolle Bild ‚Marktplatz Teupitz', das im Zimmer des Amtsdirektors hängt.

Lilo Gruber (1915–1992). Tänzerin, Chefchoreographin an der Deutschen Staatsoper zu Berlin. Sie besaß 1958–1983 ein Wochenendhaus auf der Insel und weilte in jenen Jahren häufig in Teupitz, das von ihr wie von anderen hier Erholung suchenden, landesweit geschätzten Künstlern oft unterstützt wurde. Solche vielfältigen, die Stadt bereichernden Beziehungen sind nach der Wende verloren gegangen und könnten in einem Konzept – ‚Künstlerkolonie Teupitz' – wieder erweckt werden.

Wohnanlage an der 'Teupitzer Höhe' und Einkaufsmarkt, Fotos d. A. 1998–2002

Wohnanlage an der ‚Teupitzer Höhe' 1998

Diese Wohnanlage entstand auf einer ca. 30.000 m² Teilfläche der 1908 erbauten, denkmalgeschützten Landesklinik bzw. des dort von 1945 bis 1994 stationierten sowjetischen Hospitals.
Die *1996* ins Leben gerufene ‚Grundstücksgesellschaft Teupitz' erwarb durch Ankauf vom Land Brandenburg einen aus dem Jahre 1965 stammenden Plattenbau mit 48 Wohnungen und vier 1908 erbaute Mehrfamilienhäuser mit insgesamt 22 Wohnungen. Im Rahmen der ‚Wohnbauförderung auf ehemals militärisch genutzten Flächen' des Landes wurden sie, beginnend mit dem Abriss der Hospitalmauer am *18.10.1997*, instand gesetzt, modernisiert und vermietet. Zwei weitere Gesellschaften (GbR) folgten diesem Beispiel mit insgesamt 29 Wohnungen in zwei Wohnblöcken an der Buchholzer Straße und in einem Reihenhaus an der Teupitzer Höhe.
Darüber hinaus wurde von einer Berliner Wohnungsbaugesellschaft (GSW) ein Baugelände für 67 preiswerte Einfamilien- und Doppelhäuser in Massivbauweise angekauft, mit Unterstützung einer Bausparkasse (BHW) und einer Baufirma (PEV) mit großem Aufwand baureif gemacht, öffentlich voll erschlossen und in Teilflächen am 4.12.1999 zum Verkauf frei gegeben. Bis Ende 2005 waren bereits 20 neue Eigenheime entstanden.
Am *2. März 1998* wurde der Straßenname ‚Teupitzer Höhe' beschlossen. Am *11. April 2002* konnte in unmittelbarer Nähe eine große Netto-Kaufhalle für Waren des täglichen Bedarfs eröffnet werden.
Versierter Initiator dieser Wohnbauvorhaben war und ist Dipl. Finanzwirt **Werner Kühnel**, der nach der Wende aus Stuttgart in das nahe gelegene Schwerin zog und sein langes Arbeitsleben hier erfolgreich fortsetzte.

Wohnanlage an der Bahnhofstraße 21, Foto d. A. 2002

Wohnanlage an der Bahnhofstraße 21

Das von der Garbersbau GmbH & Co aus Lüneburg und dem Berliner Immobilien-Unternehmer **Thomas Birowicz** 1996 mit sechs Häusern und 64 Eigentumswohnungen angestrebte ‚Wohnparadies' an der Bahnhofstraße 21 wurde bis *1998* zur Hälfte realisiert. In der Folgezeit fand das Konzept der Kapitalanlage und der Eigentumswohnungen zu wenig Interessenten.

Erinnert sei hier an zwei frühere städtische Bauvorhaben.

1939 stellte die Stadtverwaltung einen Antrag auf Bewilligung eines Darlehens von 37.200 RM aus Reichsmitteln für *‚Volkswohnungen'* und fügte Lageplan, Bauzeichnungen und Baubeschreibung bei. Vorgesehen war die Errichtung von sieben zweigeschossigen Häusern mit insgesamt 36 Wohnungen und einem Kostenaufwand von 210.000 RM, darin Kosten für Luftschutzräume von 3.600 RM. Das rd. 12.500 m² Grundstück lag an der Waldstraße. Als Bauherr war die Adolf Spenemann KG aus Berlin auserkoren worden. Mit Kriegsbeginn wurde dieses Vorhaben zu den Akten gelegt.

1946 beantragte Bürgermeister **Sußmann** beim Kreis die Genehmigung zur Bebauung des der Stadt zugeeigneten 28 ha umfassenden Bodenreformlandes an der Ecke Löptener Weg/Bahnhofstraße, dort, wo 1996 die neue Wohnanlage entstand. Beigefügt war ein Bebauungsplan von Baumeister **Viktor Kalla**, der zwei große Siedlungsareale mit 40 bzw. 61 Siedlerstellen zu je 2.500 m² vorsah. Begründet wurde der B-Plan mit der außerordentlichen Wohnungsnot durch Zuzug zahlreicher *Umsiedler* aus den ehemals deutschen Ostgebieten. Realisiert wurde dieser Plan nicht, wahrscheinlich aus wirtschaftlichen Gründen.

Ortseingangsschilder von Egsdorf, Neuendorf, Tornow, Fotos 2003, d. A.

Für und gegen die Eingemeindung, 1974 und 2003

1974. Auf Initiative des Kreises Königs Wusterhausen beschlossen die Gemeindevertretungen von *Egsdorf, Neuendorf und Tornow* nach anfänglichem Widerstand mehrheitlich den Anschluss ihrer bereits 1546 erstmals urkundlich erwähnten Dörfer an die Kleinstadt Teupitz. Eine Abstimmung der Einwohner gab es nicht. Der Kreis begründete sein Vorgehen mit einer höheren Effektivität der Verwaltung. Die Teupitzer Schule war schon zu Beginn der 50er Jahre Zentralschule für diese Orte geworden. Die landwirtschaftliche Produktion erfolgte seit dem 1.1.1971 gemeinsam durch die Kooperation zwischen den LPG von Teupitz, Tornow und Schwerin sowie dem Landwirtschaftsbetrieb der Nervenklinik. 1973–1975 wurden die Stadt und die drei Gemeinden zudem Mitglieder des Zweckverbandes ‚Dahme-Tourist' und koordinierten ihren Fremdenverkehr.

2003. Es entstand eine Initiative gegen Zwangseingemeindungen in Brandenburg, an deren Spitze Bürgermeister Kuhl und Amtsdirektor Oncken standen. Das Teupitzer Ortsschild trug die Aufschrift: „Wehrt Euch!" und rot durchgestrichen „Eingemeindung". Das hiesige Amt sollte zwar bestehen bleiben, aber die Zahl der Amtsgemeinden von 10 auf 6 reduziert werden. Das landesweit angestrebte Volksbegehren scheiterte, es erhielt bis zum 16.3.2004 nur 8.500 statt der notwendigen 80.000 Unterschriften. Die Erfahrungen der seit 1974 eingemeindeten drei Teupitzer Ortsteile zum Erhalt ihrer spezifischen geschichtlichen und kulturellen Traditionen wurden in diesen Auseinandersetzungen nicht analysiert und berührt, die Erforschung ihrer Geschichte steht noch am Anfang.

Aus: Amt Schenkenländchen, Bürger- und Besucher-Information, 1999

Sitz des Amtes Schenkenländchen 1992

Der 1992 gesetzlich verfügte Amtsbereich ließ die historisch gewachsene und durch die Kommunalverfassung geschützte Selbständigkeit der einbezogenen 2 Kleinstädte und zunächst 8 Gemeinden mit insgesamt ca. 8000 Einwohnern bestehen, vereinigte aber aus Effektivitäts- und Kompetenzgründen ihre Verwaltungstätigkeit in einem Amt mit dem Anspruch einer Service- und Dienstleistungseinrichtung für die Bürger.

Der Amtsbereich umfasst den Kern des von 1330–1717 existierenden Herrschaftsbereiches der Schenken von Landsberg. Diese Historie gab offensichtlich den Ausschlag für die 53,66%ige Zustimmung in der Bürgerbefragung am 29.8.1993 für Teupitz als Sitz des Amtes und gegen den Amtswechsel von Groß Köris 1997/98 in den Nachbarkreis. Der Amtssitz war von Halbe wegen besserer Verkehrsanbindung und zentraler Lage beansprucht und ministeriell verfügt worden; Groß Köris hatte die Art der Amtsführung abgelehnt.

Das Amtswappen folgt dem Wappen der Schenken von Landsberg; fälschlicherweise soll eine rote Plötze an die vor ihnen herrschenden von Plötzke erinnern. Die übliche amtliche Charakterisierung des Schenkenländchens als ‚Tor zum Spreewald' unterschätzt die eigenständigen Traditionen.

Als erster Amtsdirektor des zunächst 32 Mitarbeiter zählenden Amtes wurde vom Amtsausschuss, dem die Bürgermeister und Vertreter der Amtsgemeinden angehören, **Reiner Oncken** gewählt, ein Verwaltungsfachmann aus Schleswig-Holstein. Er amtierte von 1992–2003 und legte die Grundlagen für das Funktionieren dieser Verwaltungseinheit.

Nach dessen Pensionierung trat 2003 **Ulrich Arnts,** Dipl.-Verwaltungswirt aus Nordrhein-Westfalen, mit der Absicht ‚gestalten statt verwalten' die Nachfolge an.

Gruß aus dem Schenkenländchen
Die Heilige-Geist-Kirche zu Teupitz

Postkarte 1928, K.-H. Hofmeister

Postkarte 1971, Archiv d. A.

Kirchliches und geistiges Leben – *wesentlicher Bestandteil der Stadtgeschichte*

Heilig-Geist-Kirche, 1346, 1566

Die *Heilig-Geist-Kirche,* „…die Kirche, die ein Unicum ist…" (Berghaus, 1855). Sie ist das wahrscheinlich wichtigste und einzige erhaltene kulturhistorische Denkmal aus der mittelalterlichen Blütezeit der Stadt, Zeugnis der Reformation der Gesellschaft wie des christlichen Glaubens und wird mehr und mehr ein kulturelles Zentrum der Bürger. Die Bezeichnung als Unicum verdankt sie ihrer langen, widerspruchsvollen Baugeschichte, die verschiedenste Stilelemente in dem Gebäude vereinte.

Die urkundliche Ersterwähnung erfolgte *1346* in einer Stiftsmatrikel (Verzeichnis) des Bistums Meißen. Das ist nicht verwunderlich, da die deutsche Ostkolonisation direkt mit der Christianisierung der slawischen Gebiete verbunden war, das Teupitzer Gebiet 1328 vom Brandenburgischen Markgrafen an den sächsischen Herzog verpfändet wurde und dieser um 1330 das meißnisch-lausitzsche Adelsgeschlecht der Schenken von Landsberg mit der Herrschaft Teupitz belehnt hatte.

Der Ausbau der kleinen Feldsteinkirche unter dem Patronat der Schenken zu einem großen Gotteshaus erfolgte in der Mitte des 14. Jahrhunderts. *1566* wurde er durch den Einbau des ca. 24 m hohen Turmes fortgeführt und markiert den tiefgehenden Einfluss der Reformation. An das Patronat der Schenken erinnert ein Stein in der Ostwand. Wesentliche Erneuerungen schlossen sich 1684 und 1855/56 an; die Kanzel wurde 1692, die Orgel 1694 (Restaurierung 1986), der Taufstein 1884 geweiht, das Lutherkreuz 1983 aufgestellt. Umfangreiche Sanierungsarbeiten erfolgten 1972/82. In den Jahren 2001/03 konnte endlich die Restaurierung des Daches und Kirchenschiffes vorgenommen werden, die des Turmes steht noch aus.

„An den Herrn Doktor Simon Sinapius, ausgezeichnet durch Gelehrsamkeit, Tugend und Frömmigkeit, den Magister der Philosophie, der Christenlehre Professor, meinen Freund!
Gruß zu vor. Schade, dass Du Dich über Dein Problem nicht deutlicher ausgedrückt hast. Wenn jene Kircheninspektoren verlangten, dass Du Dich an die Bischöfe, welche die Mitra tragen, wenden und um gewöhnlichen Ritus nachsuchen solltest, durch den sie die Priester weihen, dann hast Du auf jeden Fall Widerstand leisten müssen. Wenn sie aber nur wollen, dass Du ein Gutachten einer benachbarten Gemeinde, wo die Ordination stattfindet, einholst, dann solltest Du Dich nicht hartnäckig widersetzen. Die Handauflegung ist ein alter und frommer Brauch. Und außerdem ist es sinnvoll, dass man die Lehre derjenigen sich genauer ansieht, die man zu Lehrern beruft. Wenn es auch jene Erörterung bei Euseb im 6. Buch der Kirchengeschichte gibt (S. 144), in der viele alte Beispiele dafür angeführt werden, dass man auch ohne jenen Brauch predigen darf, so wollten wir doch die rechte Ordnung lieben, wir vor allem, die wir die Wissenschaft hochhalten. Du kannst ja in unserer Gemeinde um diesen Ritus nachsuchen. Mach's gut.
Philippus Melanchthon."

Philipp Melanchthon
Foto nach ND 15.9.2003

Brief an den Teupitzer Pfarrer Simon Sinapius von 1543
Jahrbuch für Brdbg. Kirchengeschichte 1926, S. 8/9
(Übersetzung Dr. Ch. Hartmann, Leipzig)

Sinapius und Melanchthon 1543

Der Brief **Philipp Melanchthons** (1497–1560) an Sinapius verdeutlicht den für die Reformation typischen Übergang von der katholischen Episcopal- (bischöflichen) Verfassung zur protestantischen, territorial-staatlichen Kirchenverfassung in Brandenburg im Jahre 1540, der die katholischen Bischöfe zugunsten der Landesfürsten und des neu geschaffenen evangelischen Konsistoriums entmachtete.

Simon Sinapius hatte 1539 an der Wittenberger Universität promoviert und war 1542 von den Schenken als Pfarrer nach Teupitz berufen worden. Hier entfaltete er, gestützt auf bei Luther, Melanchthon und Bugenhagen erworbene neue Einsichten, eine rege kirchliche und schulische Tätigkeit. Mit ihm hält der Geist der Reformation in der märkischen Kleinstadt Einzug. Nach dem Vorbild Luthers heiratete er 1544 und schätzte sich glücklich, eine reiche und edle Frau zu haben, die zugleich verstand, ein Vermögen zu vermehren. Sein Credo lautete, nicht jenen Menschen zu folgen, die vieles nach ihrer Meinung und wenig auf Grund der Tatsachen einschätzen.

Sein hoch geachteter und einflussreicher Nachfolger wurde **Thomas Cernik (Cernitius)**, der von 1546–1599 die Lutherischen Lehren in Teupitz heimisch machte und den nachhaltigen Einfluss der ev. Kirchengemeinde auf die Stadtgeschichte begründete. Die runde Glasscheibe im Kirchenfenster mit der Darstellung einer ev. Predigt und der Inschrift ‚Thomas Cernitius 1580' ist leider verschwunden. Doch eine ovale Holzplatte in der Kirche mit dem Text ‚Dem Gedächtnis des Herrn Thomas Zernicke, des lutherischen Predigers allhier, gestorben 1599' erinnert die Gemeinde an ihren wirksamsten Vertreter.

Die jährlichen speziellen Gottesdienste zur Reformation wirken auch dem Vergessen dieser beiden bedeutenden Pfarrer entgegen.

Pfarramt in der Kirchstraße Nr. 3, Postkarte 1930, Archiv d. A.

Pfarramt 1845

Das Pfarramt wurde *1845* erbaut, 1975/77 renoviert und *2003* sorgfältig saniert. Zum Wohnbereich der Familie des Pfarrers kommen Arbeitszimmer und Kirchenarchiv hinzu. Im Hof steht ein Nebengebäude mit Gemeinderaum, Garage und Nebengelass. Das gesamte Anwesen, am See gelegen und mit altem Baumbestand, ist ein geschätztes Zentrum der evangelischen Gemeinde.

Hier wirkten *die Pfarrer* **Johann Ludwig Hesse, Friedrich August Richter, Oscar Deventer, Pfarrer Rothe, Dr. med. Gottlieb Großmann, Eitel Fritz Teichert, Helge Klassohn** und **Christian Hennersdorf.** Ihr Einfluss auf die Kirchengemeinde und Stadt war gewöhnlich sehr groß, wenn auch mit sehr unterschiedlichen politischen Nuancen verbunden. Durch ihre umfangreiche und vielseitige seelsorgerische Tätigkeit erwarben sie sich die Achtung und Anerkennung in der Gemeinde.

Seit dem 25. September 2005 amtiert erstmals eine Pfarrerin, **Brigitte Müller-Krebs**, in dem ehrwürdigen Pfarrhaus. Wie schon bei ihren Vorgängern zählen neben Teupitz auch die Stadtteile Egsdorf, Neuendorf und Tornow sowie die Gemeinden Schwerin, Groß Köris, Klein Köris, Töpchin und Löpten zu ihrem Verantwortungsbereich. „Wir sind froh und dankbar, jetzt hier zu sein und gespannt auf all das Neue, das uns erwartet", schrieb sie im Namen ihrer Familie in den ‚Teupitzer Nachrichten' (Ausgabe Sept.–Nov. 2005).
Dazu gehört auch die ökumenische Begegnung mit den Katholiken in Teupitz und Umgebung, die zur katholischen Kirchengemeinde „Maria Stern" in Schwerin gehören. Der Pfarrer **Bronislaw Marecik** feiert in diesem Jahr das 60jährige Kirchenjubiläum in der renovierten Kirche und im neuen Pfarrhaus, direkt am Schweriner See gelegen.

Kantor Franz Hoffmann, Foto K. Hoffmann 1900   *Kantorat in der Kirchstraße Nr. 15, Foto d. A. 2000*

Kantorat 1787

Das jetzige Kantorat wurde *1787* auf einem schönen Seegrundstück errichtet, seitdem mehrfach umgebaut und in der zweiten Hälfte der 80er Jahre saniert und modernisiert.

Es diente bis 1910, dem Jahr der Eröffnung der stadteigenen Schule in der Lindenstraße, nicht nur als Wohn- und Arbeitsstätte des Kantors, sondern zugleich als einklassige Schule für Teupitz. Die geistliche Schulaufsicht brachte es mit sich, dass Kantor und Schulleiter meist ein und dieselbe Person waren.

Die in der Weimarer Republik verfügte staatliche Schulaufsicht führte nicht zur konsequenten Trennung von Kirche und Schule, wie sie später in der DDR vollzogen wurde, so dass die Kantoren auch in der stadteigenen Teupitzer Grundschule als Lehrer oder Direktoren eingesetzt waren. Seit der Herstellung der deutschen Einheit 1990 sind Berechtigte der Kirchen nach den Ansprüchen des Art. 7 des Grundgesetzes dort wieder tätig.

Der bekannteste unter ihnen ist Kantor **Franz Hoffmann** (1866–1939), Urgroßvater der heutigen Gärtnerfamilie Hoffmann in Schwerin. Er legte 1888 nach 3-jährigem Kursus am Königlichen Seminar in Köpenick die erste und 1892 die zweite Prüfung als Volksschullehrer ab, trat 1895 seinen Schuldienst in Teupitz an und konnte 1922 den Dank des Magistrats, der Stadtverordnetenversammlung und der Eltern für sein 27-jähriges erfolgreiches Wirken als Leiter der städtischen Schule entgegennehmen. Noch heute wird seine 1902 im Selbstverlag herausgegebene ‚Geschichte von Schloss und Stadt Teupitz' geschätzt, gern gelesen und durch Privatkopien weiterverbreitet.

Der jüngste in der langen Reihe der Teupitzer Kantoren ist **Jörg Borleis**. Seit 1994 hat er die Stelle inne und erwarb, unterstützt von seiner ganzen Familie, viel Anerkennung durch sein musikalisches und kulturelles Wirken in der Gemeinde, der Stadt und darüber hinaus.

Polytechnische Oberschule 'Willi-Bredel',
Foto H. Beske 1976

Grundschule Teupitz, Foto d. A. 2000

Schule 1910

Die Einweihung des neuen stadteigenen Schulgebäudes mit den einliegenden Lehrerwohnungen fand am *23. Mai 1910* durch den Orts-Schulinspektor Pfarrer Rothe im Beisein der städtischen Körperschaften statt. Schulleiter **Franz Hoffmann** öffnete die Schultür mit den Worten ‚Mit Gott'; der festlich gestaltete Tag endete mit einem kräftigen ‚Kaiser-hoch'.

Ab 1933 zog der Ungeist des Nationalsozialismus in die Schule ein. Nach 1945 erhielt die Schule durch die Entnazifizierung und die Schulreform ein neues Gesicht. Der erste antifaschistische Schulleiter, **Hans Opitz**, und der neue Elternbeirat leisteten hierbei Entscheidendes. 1946 begann der Aufbau des *Zentralschulverbandes* Teupitz. Die 1951 vorgesehene Unterrichtung der Schüler aus Tornow, Neuendorf und Egsdorf in der Zentralschule Teupitz stieß zunächst auf den Widerstand der Eltern und konnte erst zwei Jahre später voll realisiert werden.

Von 1959 bis 1979 vollzog sich schrittweise der Übergang zur *10-klassigen allgemeinbildenden polytechnischen Oberschule (POS)*. 1978 erfolgte die Einrichtung des polytechnischen Kabinetts in Halbe und 1979 die erste Abschlussprüfung einer 10. Klasse. Am 7. Juli 1973 gab sich die Schule den Namen ‚*Willi-Bredel-Oberschule*'.

Nach 1990 wurde mit dem neuen Schulsystem die Umwandlung in eine *6-klassige Grundschule* gesetzlich verfügt und der Ehrenname abgelegt. Die höheren Klassen werden seitdem in Groß Köris unterrichtet. Das Schulgebäude konnte unter Einsatz von 500 TDM im Jahre 1995 durchgängig saniert und 1998 eine Sporthalle auch für den Schulsport eingeweiht werden.

Neben- und Hauptgebäude des früheren Spielmann-Verlags in der Poststraße, Foto d. A. 2000

Spielmann-Verlag 1906–1933

In der hiesigen Poststraße und in der Potsdamer Straße in Königs Wusterhausen befand sich *1906–1933* der Spielmann-Verlag, der das viel gelesene Lokalblatt ‚Der Märker', den offiziellen ‚Allgemeinen Anzeiger für Teupitz und Umgegend', den ‚Wendisch-Buchholzer Stadt- und Lokalboten', den ‚Schenken-Boten', interessante Hefte zur Lokalgeschichte und kunstvolle Postkarten des Schenkenländchens herausgab. Hier entsprang ein bedeutsamer Quell des geistigen Lebens der Kleinstadt. Die Reste dieses Nachlasses sind für die Stadtgeschichte unverzichtbar.

Der 1871 in Ungarn geborene, staatenlose **Franz Spielmann** lebte seit 1906 in Teupitz. Die feste Integration in das kleinstädtische Leben und die schwärmerische Liebe zur Natur des Schenkenländchens prägten viele seiner journalistischen Arbeiten. Sie verhinderten aber nicht, dass er ab 1931/32 seinen Verlag zur ‚Trompete der NS-Bewegung' machte und selbst der NSDAP-Ortsgruppe und SA beitrat. Trotzdem wurden sein Verlag und seine Zeitung nach der ‚Gleichschaltung' des Pressewesens im ‚Dritten Reich' nicht mehr gebraucht und mussten am 5. August 1933 ihre Arbeit bzw. ihr Erscheinen einstellen. Franz Spielmann selbst geriet aus noch nicht genau bekannten Gründen in das mörderische Machtgetriebe des NS-Regimes und seitdem sind seine Spuren und die des Spielmann-Verlages fast verschwunden.

Das Haus in der Poststraße ist 1994 vor allem wegen seiner 1907 entstandenen Fassade unter Denkmalschutz gestellt worden. Viele gehen bisher achtlos vorbei, weil ein Hinweis am Haus fehlt, da das in der DDR bekannte Symbol für den Denkmalschutz seit 1990 nicht mehr verwendet werden durfte und erst im Dezember 2005 wieder neu ministeriell verfügt wurde.

Verwaltungsgebäude der Landesirrenanstalt in Teupitz, Postkarte 1925, Archiv d. A.

Heil- und Pflegeanstalt

Landesirrenanstalt 1908

Am 3. Juni 1904 entschied sich der Provinzialausschuss unter den zahlreichen Angeboten zur Errichtung einer ‚Landesirrenanstalt' für dasjenige der Stadt Teupitz. Ausschlaggebend waren die natürliche Lage, die Verkehrsanbindung an die Bahnhöfe Halbe bzw. Groß Köris sowie an die Kreischaussee und der preiswerte Grund und Boden. Entworfen und errichtet wurde die Anstalt von **Prof. Theodor Goecke** (1850–1919) für ca. 6,75 Mill. Goldmark im Pavillonsystem. Ihre Eröffnung erfolgte 1908.

Sie bestand aus der Hauptanstalt für 1050 Kranke mit einem Lazarett und der Pensionärsanstalt für 150 Kranke. Für allgemeine Kranken- und Verwaltungszwecke waren vorhanden: Ein Verwaltungs- und ein Küchengebäude, das Maschinenhaus mit Werkstätten, ein großer Landwirtschaftshof, eine großzügige Garten- und Wegeanlage, ein Friedhof mit Kapelle und ein Wärterdorf mit anfangs 52 Wohnungen. Zur Versorgung aller Gebäude wurden eine eigene Zentralheizung, die Strom- und Wasserversorgung sowie die Abwasserentsorgung installiert. Diese sehr moderne, heute denkmalgeschützte Anstalt stand zu Beginn unter Leitung von **Dr. Carl Berthold Knörr**.

Ihre weitere Geschichte verlief sehr widerspruchsvoll: Nutzung als Lazarett im I. Weltkrieg. Krisenhafte Entwicklung danach und Schließung 1923. 1924 bis 1931 Neuaufnahme von ca. 1500 Patienten. In der NS-Zeit Einbindung in das Euthanasieprogramm ab 1939. Während des II. Weltkrieges Unterbringung eines Speziallazaretts der Wehrmacht, von Teilen des Achenbach-Kreiskrankenhauses und des Landesblindenheims. Während der Halber Kesselschlacht im April 1945 waren bei einem Luftangriff Menschenleben und Gebäudeschäden zu beklagen. Inbesitznahme durch die Rote Armee am 27. 4. 1945.

Zwangsversteigerung.

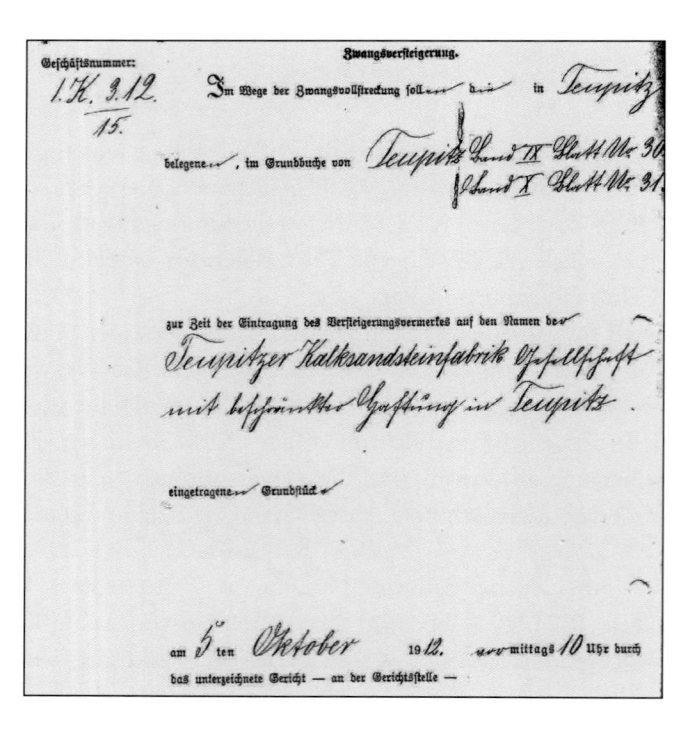

Geschäftsnummer: 1. K. 3.12 / 15.

Im Wege der Zwangsvollstreckung soll die in Teupitz belegene, im Grundbuche von Teupitz Band IX Blatt Nr. 30, Band X Blatt Nr. 31, zur Zeit der Eintragung des Versteigerungsvermerkes auf den Namen der Teupitzer Kalksandsteinfabrik Gesellschaft mit beschränkter Haftung in Teupitz eingetragene Grundstück

am 5ten Oktober 1912 vormittags 10 Uhr durch das unterzeichnete Gericht — an der Gerichtsstelle —

Kreisarchiv Landkreis LDS, Gemeindebestand Teupitz Nr. 083

Kalksandsteinfabrik 1905–1912

Der Errichtung der Landesanstalt aus Kalksandstein verdankt Teupitz eines der wenigen industriellen Projekte, die in der Stadtgeschichte eine bedeutende Rolle spielten – die 1905 an der Bahnhofstraße/Ecke Bergstraße eingerichtete ‚Teupitzer Kalksandsteinfabrik GmbH'.

Aus dem mit Lastkähnen herbeigeschafften Kalkstein vom Rüdersdorfer Revier und dem hier geförderten Sand und Kies entstanden jene Steine, aus denen die denkmalgeschützten Bauten der Klinik, des Wärterdorfs und der Lindenstraße errichtet wurden.

Die Fabrik war zunächst eine Unternehmung der Berlin-Woltersdorfer Hartsteinwerke GmbH und seit 1907 der Brandenburgischen Hartstein-Industrie unter Leitung des Berliner Unternehmers **Max Cunio**. Nach Vollendung der Landesirrenanstalt, des Bauensembles in der Lindenstraße und des Wärterdorfs ging Cunio 1910 in den Konkurs. 1912 beendete das Amtsgericht in Mittenwalde mit der Zwangsversteigerung des knapp 7 ha großen Grundstücks und der Gebäudereste diese bemerkenswerte Episode der Teupitzgeschichte. Die Betriebsgenehmigung der dazugehörigen Schmalspurbahn war schon 1909 erloschen und deren Anlagen abgebaut worden. Der Chef der Fabrik, **Hugo Müting**, hatte sich als Bauherr und erster Hotelier des 1910 eröffneten Hotels ‚Schenk von Landsberg' in der Teupitzer Lindenstraße vorausschauend eine neue Zukunft geschaffen.

Heute erinnern das Terrain hinter dem Wohnhaus Nr. 14 an der Bahnhofstraße und der sich anschließende Geländeeinschnitt nur in Verbindung mit Archivrecherchen an die einstige Fabrik.

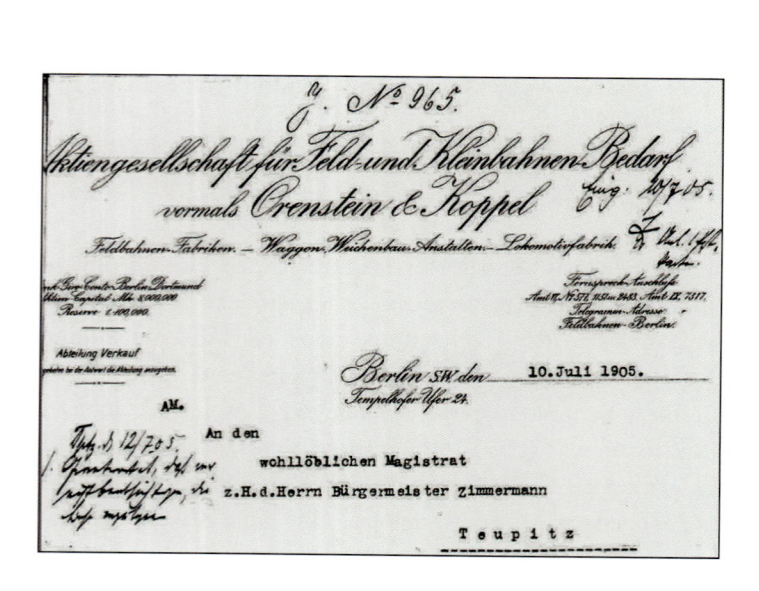

Kreisarchiv Landkreis LDS,
Gemeindebestand Teupitz Nr. 083/090

Trasse der Transportbahn,
Foto d. A. 2001

Plan einer Teupitzer Schmalspurbahn 1905

1897 war in Groß Köris an der Berlin-Görlitzer Eisenbahnstrecke ein Bahnhof eröffnet worden. Seit 1900 stieg der Fremdenverkehr rasch an. 1904 hatte sich der Provinzialausschuss zur Errichtung einer Heil- und Pflegeanstalt in Teupitz entschieden. All dies ließ bei **Bürgermeister Zimmermann** und im Magistrat die Absicht reifen, eine Schmalspurbahn von Teupitz nach Groß Köris zu bauen.

Diese Absicht korrespondierte mit der im Oktober 1905 eingerichteten schmalspurigen *Transportbahn* vom Teupitzer See, Ablage am Kohlgarten, über die Wiesen und die Bahnhofstraße zur ‚Teupitzer Kalksandsteinfabrik GmbH' links neben der heutigen Bergstraße und weiter bis zur Baustelle bei der Landesanstalt. Deren Betriebsgenehmigung erlosch im Oktober 1909 mit Abschluss der wesentlichsten Bauarbeiten in der Landesanstalt. Der vom See bis zur Überquerung der Bahnhofstraße gebaute Damm und der Geländeeinschnitt für die Kalksandsteinfabrik sind bei genauerem Hinschauen noch immer erkennbar.

Der Personenverkehr von und zum Bahnhof Groß Köris, ab 1907 offiziell Teupitz-Groß Köris, durch ein Postfuhrwerk, den Fährbetrieb über die Seen und das Fuhrunternehmen **Ferdinand Möbius** sollte durch eine Schmalspurbahn wesentlich verbessert werden. Der Magistrat wandte sich an die ‚Aktiengesellschaft für Feld- und Kleinbahnen-Bedarf' in Berlin-Tempelhof und erhielt im Mai 1905 ein Angebot für diese Bahnanlage und die Lieferung der dazu erforderlichen Schienengleise, Weichen, Drehscheiben, Prellböcke und Holzschwellen. Die AG garantierte den Ausbau und die Abnahme der Anlage. Doch realisiert wurde die Absicht nicht; vielleicht fehlte dem Magistrat der Mut oder das notwendige Geld.

Sowjetisches Personal,
Foto E. Buchholz (stehend 6. von links)

Plan der Unterbringung der Abteilungen des Hospitals,
Foto d. A. 1999

Sowjetisches Hospital 1945–1994

Ab Mai 1945 erfolgte die Einrichtung des sowjetischen Hospitals im größten Teil der früheren Hauptanstalt einschließlich aller Verwaltungs- und Wirtschaftsgebäude. Die Kriegsfolgen, insbesondere die katastrophale Ernährung und die beträchtlichen räumlichen Einschränkungen führten zu einer hohen Sterberate unter den deutschen Patienten. Zugleich wurden die widerspruchsvolle Entnazifizierung in der Anstalt und deren völlige Reorganisation durchgesetzt.

Das Hospital war der Zentrale der Sowjetarmee in Wünsdorf unterstellt; Struktur, Stammpersonal, Belegungsstärke änderten sich im Laufe der Jahre. Es gliederte sich in einen Teil für Soldaten, psychisch Kranke, Alkoholiker und einen Teil für Offiziere. Die Stationen: Chirurgie, Physiotherapie, Inneres, HNO, Zahnarzt, Frauen, Entbindung, Sanatorium. Zu den allgemeinen Einrichtungen zählten ein Club, die Bibliothek, die Einkaufshalle, der Landwirtschaftsbetrieb, die Waschküche, die Wohnunterkünfte und die Wacheinheit. Die Versorgung der Patienten erfolgte auf einem hohen medizinischen und hygienischen Standard und wurde in Notfällen auch Deutschen gewährt. Das Stammpersonal umfasste um 500 Personen, darunter eine geringe Zahl deutscher Handwerker und Angestellter wie die Teupitzerin **Elisabeth Buchholz**. Die Offiziere dienten gewöhnlich 5, die zivilen Krankenschwestern 3 Jahre in der DDR. Die Kommandanten waren um 1965 **Major Wassili Dschobawa** und um 1975 **Oberstleutnant Gregori Belan**. Die Beziehungen zur Bevölkerung gestalteten sich überwiegend freundschaftlich, besonders zum Anglerclub und Jagdverein; private Kontakte blieben gemäß sowjetischer Regelungen selten. Die vielen Erinnerungen an das Hospital sind in der Stadt noch immer lebendig.

Festschrift der Klinik von 1987, Archiv d. A.

Nervenklinik Teupitz 1949

Seit 1949/50 vollzog sich die Entwicklung der Klinik nach den Richtlinien des Ministeriums für Gesundheitswesen der DDR und infolge der Verwaltungsreform 1952 unter konkreter Leitung des neu gebildeten Kreises Königs Wusterhausen. Die Verbesserung der wirtschaftlichen Verhältnisse blieb ein ständiges und kompliziertes Arbeitsfeld der Klinikleitung: 1950 Küche und Wäscherei, 1951 Übernahme eines leer stehenden Krankengebäudes für 100 Patienten vom sowjetischen Hospital, 1953 Ausbau des Gasthauses ‚Zum Sängerheim' als betriebseigenes Kulturhaus, 1954 Betriebskindergarten im ehemaligen Schützenhaus, 1950/51 Sport- und Tennisplatz. 1958 wurden 70–80% der Patienten in arbeitstherapeutische Maßnahmen einbezogen, u. a. in eine Seidenraupenzucht.

Ein bedeutsamer Fortschritt in der Behandlung der Patienten stellte 1964 die Einführung des ‚Open-Door-Systems' (System der offenen Tür) dar. Die Eröffnung einer Neurologischen Abteilung 1965 und der neuen Röntgenabteilung 1978, die Konzentration der Alkoholikerbehandlung ab 1976, der Ausbau der Stationen für suchtkranke Frauen 1985 verdeutlichen beispielhaft die vielen Aktivitäten in jenen Jahren. Nachdem 1971 die geplante Umwandlung der Klinik in ein psychiatrisches Pflegeheim verhindert werden konnte, übernahm deren Leitung der ärztlicher Direktor MR **Dr. med. Dieter Häußer** bis 1990.

1986 wurde die Bettenzahl von 580 auf 540 reduziert, um die Qualität der neuropsychiatrischen Grundbetreuung im damaligen Einzugsgebiet von 5 Kreisen mit 330.000 Bürgern zu verbessern. Die durchschnittliche stationäre Verweildauer betrug etwa einen Monat, für die medikamentöse Behandlung wurden etwa 600.000 Mark/Jahr ausgegeben.

Informationsmaterial der Landesklinik, Archiv d. A.

Landesklinik Teupitz 1990–2005

Nach der Neubildung des Landes Brandenburg und dem Beitritt zur BRD 1990 erhielt die Nervenklinik gemäß ihrer veränderten Stellung die Bezeichnung ‚Landesklinik Teupitz' und eine neu zusammengesetzte Leitung: **Leitender Chefarzt Dr. Jürgen Faiss,** Verwaltungsleiterin **Doris Havenstein,** Pflegedienstleiterin **Frauke Förster.**

Charakteristisch wurden der bedeutende materiell-technische Ausbau der Klinik und die weitergehende Profilierung des Angebots für die Patienten: 1992 schrittweise Ausgliederung des Behindertenbereichs und Reduzierung der Abteilung für sozialpsychiatrische Rehabilitation von 200 auf 36 Plätze in einem Gebäude auf dem Klinikgelände und in der Lindenstraße 3 im Jahr 2000. 1997 Übergabe eines Neubaus an die Klinik für Psychiatrie und Psychotherapie unter Leitung von **Chefarzt Dr. Manfred Heinze.** 1998 Eröffnung der psychiatrischen Tagesklinik in Königs Wusterhausen. 1999 Inbetriebnahme der Klinik für Neurologie und Neurophysiologie unter Leitung von Chefarzt Dr. Jürgen Faiss in einem fertiggestellten Neubau. 2005 Verleihung des Siegels für optimale Krankenbehandlung (KTQ).

Mit den umstrittenen Gesundheitsreformen kam 2005 die Privatisierung der Klinik, einschließlich des Maßregelvollzugs, auf die Tagesordnung und wurde, begleitet von Sorgen des Klinikpersonals, unter Patienten und Einwohnern, in kurzer Zeit realisiert. Die Kommune ist davon berührt, da die Landesklinik mit ca. 350 Angestellten und Beamten ihr größter Arbeitgeber ist, viele Mitarbeiter hier wohnen und die Stadtentwicklung seit 1908 in vielfältiger Weise von ihr geprägt wurde. Das 2008 bevorstehende 100. Jubiläum der Klinik wird mit der dann zu ziehenden Bilanz die Folgen der Privatisierung noch deutlicher machen und weitere Schlüsse ermöglichen.

Fischerhaus in der Kirchstraße, Postkarte um 1907, Archiv d. A.

Die Wirtschaft – *Grundlage des städtischen Lebens*

Fischerei

Der einstige Haupterwerbszweig der slawischen Urbevölkerung wurde 1307 Recht der Herren auf Schloss Teupitz. Den Untertanen blieb nur die ‚Fußfischerei' (mit Angel und kleinen Netzen) gegen Naturallieferungen, später gegen ‚Fischgeld' und ‚Kahnzins'. Die Verpachtung der Fischereirechte und Seen sowie der bei Teupitz und Tornow unterhaltenen Karpfenteiche (1685) waren wichtige Einnahmequellen der Schenken. Noch unter **von Parpart** (1860–1910) gehörte das Fischerhaus zum Schloss und war der Fischereimeister sein Angestellter. Von Parpart beanspruchte die Fischereirechte uneingeschränkt und konnte nach 17 Jahre währenden Prozessen (1870–1887) alle uralten Rechte der Anlieger ablösen. Seine Erben verkauften den See mit allen Rechten 1922 an die Seegutbesitzer **Max** und **Walter Rosengarten** aus Bad Saarow. 1933 erwarb die ‚**Teupitzsee-Genossenschaft**' den See und nahm auch die Fischereirechte bis 1945 wahr.

1948 erfolgte deren Enteignung und die Überführung des Sees in Volkseigentum; die Fischerei wurde der ‚Fischwirtschaftsgenossenschaft Potsdam' als Rechtsträger übertragen. Seit 1990 übt die Fischereirechte in dem nunmehr bundeseigenen See der Teupitzer Fischermeister **Jörg Boesel** aus.

1862–1864 unternahm von Parpart hier am Teupitzer See den verdienstvollen *ersten Versuch zur künstlichen Fischzucht in Brandenburg,* der jedoch an bürokratischen und wirtschaftlichen Hemmnissen scheiterte.

Der von Fontane beschriebene ‚*Zanderzug*', bei dem große Netze zum Zanderfang im Winter unterm Eis gespannt und gezogen wurden, hatte den Charakter eines Volksfestes, das heute leider fast vergessen ist.

Haus und Ausstellung Kurt Lehmanns, Baruther Str. 4, Foto S. Kaubisch 2005

Ackerbau

Nach der deutschen Ostkolonisation wurde trotz der geringen Bodenqualität der Ackerbau zu einem Hauptwirtschaftszweig. Die Schenken von Landsberg waren Eigentümer des gesamten Grund und Bodens, verpachteten einen Teil an die Bauern – je nach Art und Größe des Besitzes Lehnbauern, Hüfner oder Kossäten – und waren zugleich selbst Gutsherren.

Nach dem 30-jährigen Krieg (1618–1648) vergrößerte sich die herrschaftliche Eigenwirtschaft auf Kosten der Abgaben zahlenden Bauern beträchtlich. Die Bauern schufteten auf ihren Höfen, zahlten steigende Abgaben und mussten zahlreiche Ackerdienste bei den Schenken leisten. Die Getreideerzeugung deckte nicht den eigenen Bedarf des Schenkenländchens.

1807. Das ‚Edikt den erleichterten Besitz und den freien Gebrauch des Grund-Eigentums so wie die persönlichen Verhältnisse der Land-Bewohner betreffend' des preußischen Königs erlaubte den freien Verkauf adliger und nichtadliger Güter an die Bauern und schuf so Voraussetzungen zur Aufhebung der Leibeigenschaft und Gutsuntertänigkeit. Doch erst die im Gefolge der Revolution von *1848* durchgeführten ‚Separationsrezesse' (Neuverteilung des Landes), *in Teupitz 1854 und 1868,* veränderten schrittweise die Besitzverhältnisse. In Teupitz bestanden danach 1 Rittergut, 7 Groß-, 34 Mittel- und 12 Kleinbürgerstellen.

Der **Lehmannsche Bauernhof**, der dank der Initiative des Erben **Kurt Lehmann** seit 1996 eine Ausstellung landwirtschaftlicher Geräte zeigt, war typisch für die Teupitzer Landwirtschaft: Ein verschlossenes Vorderhaus, ein kleiner Hof mit umliegenden Ställen und wegen Brandgefahr und Platzmangel eine Scheune vor der Stadt im sog. ‚Scheunenviertel' (etwa im Bereich der Lindenstraße).

Ein kleines Schild erinnerte hier noch 1997 an die einst erfolgreiche LPG, Foto d. A 1997

Bodenreform 1945 und Kollektivierung 1960

1945. Auf Grundlage der mit Volksentscheid herbeigeführten ‚Verordnung über die demokratische Bodenreform' wurde von der Bodenreformkommission der Stadt die Aufteilung des 106 ha (100 ha war die erlaubte Obergrenze) großen Gutes ‚Bullrichs Höhe' vorgenommen und von den Einwohnern begrüßt. Die Stadt erhielt 28 ha Wald und Ödland, 13 Bürger je 2 ha Wald und 18 Bürger je 2 ha Acker.

1949. Der *Landwirtschaftsbetrieb der Landesklinik* nahm eine Sonderstellung in der landwirtschaftlichen Entwicklung von Teupitz ein. Bis 1949 in erster Linie der Arbeitstherapie und Versorgung der Patienten verpflichtet, entwickelte er sich unter Leitung von **Otto Kunz** zu einem Überschuss abwerfenden Betrieb, der 1968 100 ha Land bewirtschaftete und ca. 250 Stück Großvieh hielt.

1960 erfolgte die Gründung der *LPG Typ I* ‚Teupitz-See' durch 16 Bauern, die unter politischem Druck und nach langem Zögern gemeinsam 26 ha Acker und 30 ha Wiese bewirtschafteten, ihre Viehwirtschaft jedoch weiter selbständig betrieben. Erste Vorsitzende wurde **Hertina Bennewitz**, später standen die versierten **Paul Koch** jun. (1900–1980) und **Werner Rocher** an der Spitze.

1971. Kooperation der LPG ‚Teupitz-See', der LPG ‚Granit' aus Tornow, der LPG ‚Frühlingssturm' aus Schwerin und des Landwirtschaftsbetriebes der Landesklinik. 1975 Bildung einer ‚Zwischenbetrieblichen Einrichtung' (ZBE) mit 267 ha Nutzfläche und einem Vermögen von 1,6 Mill. M. 1977 hielt die ZBE 450–480 Schweine in 5 Ställen, 150–180 Rinder in 3 Ställen, verfügte über ½ Mill. M Umlaufmittel, erzielte 116.000 M Reingewinn und lieferte 1060 dt Schweine- und 429 dt Rindfleisch an den Staat.

1990. Fast völliges Erliegen der landwirtschaftlichen Produktion. Rechtsnachfolger der LPG wurde zum Teil die Agrar-Genossenschaft in Münchehofe; kein Bauer machte sich selbständig.

Das Hatzfeldt-Wildenburg'sche Forsthaus in der Waldstraße von Tornow, Fotos d. A., M. Illerich, 2005

Forstwirtschaft

Der Reichtum seiner Holzungen, die ‚Holzungsrechte' und die ‚große Bauholzheide' spielten für die Teupitzer Herrschaft seit jeher eine bedeutende Rolle. Ob im Zusammenhang mit der urkundlichen Ersterwähnung 1307 oder bei der Einschätzung der Vermögenslage der Schenken von Beauftragten des brandenburgischen Kurfürsten im Jahre 1668 und 1685, nie blieb dieser Reichtum unbeachtet.

Daher überrascht es nicht, dass der Forstmeister i. R. **H.-J. Sommerfeld** in der forstgeschichtlichen Darstellung *‚Vom Feldjäger zum Förster'* (2006) auch die Geschichte der Förstereien von Neuendorf, Massow und Tornow publik machte. So berichtet er, warum das ‚Forst-Etablissement' in Neuendorf geschlossen, auf königliche Weisung 1847 ein Forsthaus im Schutzbezirk Massow erbaut und 1922 das Forsthaus Tornow zur Revierförsterei erhoben wurde. Das Forsthaus Massow wurde in den Kämpfen um den Halber Kessel am 29. April 1945 zerstört. Das Forsthaus Tornow diente ab 1973 nur noch als Wohnung für Forstangestellte, weil das Revier Tornow als Gebiet des Truppenübungs- und Schießplatzes Massow von 1973–1989 vom Forstwirtschaftsbetrieb Neuhaus/Uckermark betreut wurde.

Im Jahre 2001 erwarb die Hatzfeldt-Wildenburg'sche Forstverwaltung aus Rheinland-Pfalz das Revier Massow mit weiteren Waldflächen von der Treuhand und bewirtschaftet nach eigenen Angaben derzeit ca. 6600 Hektar in Nachbarschaft zum neuen Holzzentrum Baruth mit dem Konzept einer nachhaltigen und naturgemäßen Waldwirtschaft. 2003/04 ließ **Herrmann Graf von Hatzfeldt** neben der alten Revierförsterei in Tornow ein regionaltypisches Fachwerk-Forsthaus und ein Wirtschaftsgebäude aus Natur belassenem Eichen-, Lärchen- und Kiefernholz errichten, das die seltene Auszeichnung mit dem Gütesiegel für ökologische Holzprodukte erhielt.

Das denkmalgeschützte Schäferhaus 1980 vor und 2001 nach der Rekonstruktion, Foto K. Fiol

Schäferei und Schäferhaus 1777

Die Schafhaltung spielte früher im Schenkenländchen eine große Rolle. *1590* hatte Teupitz die Befugnis, 1090 Schafe zu halten; 1717, zur Zeit des Übergangs des Schlosses in königlichen Besitz, waren es ebenfalls ca. 1000 Tiere. Die Erträge aus Woll- und Hammelfleischverkauf sowie Verpachtung fielen den Schlossherren zu. Die Schäferei war anfänglich bei der ‚Hohen Mühle', nach deren Zerstörung im Dreißigjährigen Krieg in Tornow und zum Teil in Teupitz untergebracht.

Die Bauern durften nur wenige Schafe halten, deren Zahl wuchs mit ihrem Landbesitz. Die Eigentümer der Schäfereien pflegten einen Schäfer zu bestellen, die Bauern der Stadt bildeten eine Hütungsgenossenschaft, vom Magistrat der Stadt Teupitz wurde ein Gemeinde-Hirte angestellt. Durch den Rezess von 1868 wurden die Gemeindeheide und die Hütungsgenossenschaft aufgelöst und der Gemeinde-Hirt abgeschafft; jeder Bauer betrieb seine Viehwirtschaft selbständig. Ende des 19. Jahrhunderts verlor die Schafwirtschaft aus vielerlei Gründen ihre große Bedeutung.

Das Schäferhaus wurde *1777* als städtisches Fachwerkhaus errichtet, mit zwei Haushälften, jede unterteilt in zwei Stuben, eine ‚schwarze' Küche und eine Räucherkammer. Der Standort am See ermöglichte das Säubern der Schafe vor dem Scheeren. Nach Abschaffung des Gemeinde-Hirten wurde das Haus Domizil der Dorfarmen und Witwen. 1973 pachteten die Berliner **Eheleute Klaus** und **Elisabeth Fiol** das abrissreife Haus, kauften es 1982 und 1993 den dazugehörigen Grund und Boden. 1982–1992 schufen sie daraus in mühevoller, selbständiger, historisch verantwortungsbewusster Arbeit ein hochwertiges Wohnhaus und wertvolles *Denkmal i*m Schenkenländchen. Am 16. Mai 2002 erhielt der neu gepflasterte Weg zu diesem Kleinod den Namen *„Schäferweg".*

Hohe Mühle am Tornower See, Postkarte 1912, K.-H. Hofmeister

Teupitzer Mühlen

Ein Bericht von *1668* über die Vermögenslage der Schenken von Landsberg erwähnt drei Wassermühlen mit oberschlächtigem Rad. Die Hohe Mühle, nach dem 30-jährigen Krieg verwüstet, lieferte den Schenken 6 Taler Pacht und zwei Dienstpferde zum Reisen, dem Pfarrer sechs Wispel[*] Korn. Die Mittel-Mühle musste 6 Taler und ein Mastschwein abliefern, die Kleine Mühle 3 Taler und für den Pfarrer 12 Scheffel[**] Korn.

Hohe Mühle 1668, Gasthaus 1904

1859 wurde die Hohe Mühle Eigentum des Müllermeisters **Hermann Kerger** und von diesem zu einer modernen Mahl- und Schneidemühle mit Einsatz einer Dampfmaschine ausgebaut.

1904 erhielt er zugleich die Konzession zur Führung einer *Gastwirtschaft* gleichen Namens. Diese entwickelte sich bis in die Zeit des II. Weltkrieges zu einer im ganzen Schenkenländchen beliebten Ausflugs- und Tanzgaststätte; ein Pavillon am Seeufer wurde zum Treffpunkt der Jugend.

Nach 1945 nutzten zunächst die *Reichsbahn* und ab 1977 die *Akademie der Wissenschaften* das Haus als *Betriebsferienheim*. Die spezifischen Mühlenbauten (Mühlrad, Sägewerk, Mühlenhaus) verfielen und wurden schließlich abgetragen.

1990 wurden Rückübertragungsansprüche als unbegründet zurückgewiesen. Nach öffentlicher Ausschreibung erwarb 1992 der Unternehmer **Helmut Kahmann** aus Berlin-Moabit das Anwesen zur privaten Nutzung und modernisierte das alte Gasthaus historisch verantwortungsvoll. Die Baugenehmigung zur Wiedereinrichtung eines Sägewerks zu Schauzwecken wurde bisher nicht erteilt.

[*] 1 Wispel = ca. 13 Hektoliter
[**] 1 Scheffel = ca. 55 l

Mittel-Mühle, Postkarte um 1908, I. Schwietzke

Mittel-Mühle 1668, Wirtshaus 2002

Seit *1880* ist die Mühle im Besitz der Familie **Schwietzke**. Sie wurde als Kombination von Getreide- und Ölmühle, Sägewerk und Landwirtschaftsbetrieb bis in die fünfziger Jahre solide geführt. 1954 verließen die Eheleute Irmgard (1922) und Karl Schwietzke (1920–2000) nach politischen und wirtschaftlichen Schikanen die DDR.

Der hier eingerichtete staatliche Forstwirtschaftsbetrieb (1955–1990) nutzte nur das Sägewerk, die anderen Mühlenanlagen verfielen. U. a. wurden Verkaufsbungalows für den traditionellen Weihnachtsmarkt auf dem Berliner Alex, ‚Waldschänken' für den Forst und Holzpaletten für den Handel produziert.

1990 erfolgte die Rückübertragung an das Ehepaar Schwietzke, das mit Enthusiasmus und Geschick den Wiederaufbau des zu großen Teilen ruinösen Anwesens betrieb. Das Sägewerk wurde verpachtet und konnte nach Überwindung vieler Hindernisse seit 2005 unter **Steffen Schadly** erfolgreich arbeiten. Der selbständige Tischlermeister **Ulf Skowronski** mietete 1998 hier eine Werkstatt.

Am 22. Juni 2002 eröffnete nach langwierigen Umbauten des ungenutzten und verfallenden Mühlenhauses der Pächter **Michael Skupch** das *‚Wirtshaus Mittelmühle'*. Es entwickelte sich wegen seiner originellen Lage, Gastronomie und spezifischen kulturellen Angebote zu einer geschätzten Adresse im Schenkenländchen. Seit 2003 dreht sich zur Freude aller Besucher im Mühlgraben des Mühlenteiches wieder das oberschlächtige Rad, das der Eigentümerin Irmgard Schwietzke zu verdanken ist.

Postkarte 1913, Sammlung Klaar   *Postkarte 2005, von dem Müller Erich Weber*

Kleine Mühle 1668, Bockwindmühle 1872

Im Mittelalter hieß so eine Wassermühle an dem Fließ, das kurz vor Egsdorf in den Teupitzer See mündete. Ihre Überreste sind verschwunden.

1872 errichtete **Albert Marwitz** auf der Anhöhe am Südufer des Teupitzer Sees eine *Bockwindmühle* gleichen Namens. Sie lieferte, zuletzt unter dem Müller **Franz Zacharias**, Brotmehl und Schrot für die Umgegend, bis sie um 1935 abgebaut und 1939 verkauft wurde.

Erst im Jahre 2005 entdeckte der Autor, dass sie in Schönewalde/b. Herzberg Elster nach Umbau zu einer *Paltrockmühle** wieder errichtet worden ist. Dort kann sie bei dem Müllermeister **Erich Weber** besichtigt werden. In Egsdorf entstand um 1939 ein Abschiedslied für die Kleine Mühle, möglicherweise von Franz Zacharias.

* Die ganze Mühle dreht sich nicht auf einem Bock, sondern auf einem Rollenkranz in den Wind. Die Holzverkleidung reicht wie bei einem Rock bis zum Boden.

**Die Kleine Mühle –
das alte Wahrzeichen von Egsdorf**

Kleine Mühle auf dem Hügel,
ach wie schnell drehn sich die Flügel.
Kleine Mühle mahle, mahle
unser Korn aus seiner Schale.

Kleine Mühle steht nun stille,
trotz des Windes mächtger Fülle.
Alles ist nun öd und leer,
Kleine Mühle mahlt nicht mehr.

Kleine Mühle auf dem Hügel,
morsch sind worden deine Riegel.
Lange stehst am hohen Ried,
nun ist aus dein stolzes Lied.

Amtmanns Weinberg, Postkarte um 1928, Sammlung Klaar

Weinanbau, Amtmanns Weinberg

1668 lagen westseits des Sees zwei Weinberge, die den Schenken alle Jahre Wein brachten, aber schon zu diesem Zeitpunkt nur noch zur Hälfte bearbeitet wurden. Auch diesseits des Sees, an der Hohen Bude, am Galgenberg und Geesenberg, wurden Weinberge betrieben. Durch die Verwüstungen des 30-jährigen Krieges (1618–1648) und die Konkurrenz aus dem Süden verlor der Weinanbau in Brandenburg seine einstige Bedeutung. Die königlichen Amtsmänner, die 1717–1812 ihren Sitz im Teupitzer Schloss hatten, gingen noch dem Weinanbau nach und 1782 verfügte Teupitz immerhin über 34,5 ha Weinberge.
Baron von Parpart unternahm kurz vor 1900 den weithin beachteten Versuch, den Weinanbau erneut zu beleben. An ca. 1500 m langen Spalieren auf der Schlosshalbinsel kultivierte er edelste Trauben, die in den bedeutendsten Berliner Delikatessläden zum Verkauf kamen, aber keinen besonderen Wein hergaben. Mit von Parparts Tod 1910 endete dieser Versuch. Nur die Weinstöcke an einigen Häusern erinnerten lange an diese Tradition.
Um 1900 wohnte auf Amtmanns Weinberg in einem mit Rohr gedeckten Waldhaus **Mutter Deibrich**, ein stadtbekanntes ‚Kräuterweib', dem Krieg und Krankheit den Mann und die Söhne schon früh entrissen hatten und die auf die Fürsorge ihrer Mitmenschen angewiesen war. 1928 errichtete hier der Filmarchitekt **Hans Jacoby** das erste Wochenendhaus am Teupitzer See. Der bekannteste Bewohner des Weinbergs wurde der Schauspieler und Intendant am Deutschen Theater in Berlin, **Wolfgang Langhoff** (1901–1966). Hier suchte er, der selbst Kommunist war, in seinem Sommerhaus Ruhe nach den zermürbenden Auseinandersetzungen mit der SED-Führung über das Stück von Peter Hacks ‚Die Sorgen und die Macht', dessen Verbot 1963 zu seinem Rücktritt als Intendant führte.

Reste der Ziegelei Asch: Standort des Brennofens, Schlämmanlage und Tongrube in Egsdorf, Foto d. A. 1996

Ziegelei, Torfstecherei, Teeröfen

Ziegeleien. Nach einem Bericht von 1668 waren die Ziegelöfen der Schenken von Landsberg schon damals eingegangen. Eine ergiebige Tongrube befand sich auf dem Terrain des heutigen ‚Kohlgartens'.

Eine kleinere Ziegelei zur vorrangigen Herstellung von Ofenkacheln betrieb **Wilhelm Tornow** noch von 1874–1896 auf dem Gelände seines späteren Gasthauses ‚Tornows Idyll'. Der Ton wurde auf diesem Gelände in einfacher Technologie abgebaut, geschlämmt, luftgetrocknet und in Öfen gebrannt.

In Egsdorf existierte bis in die 20er Jahre die Ziegelei des Berliner Geschäftsmannes **Asch**. Die Reste der Tongrube, der Schlämmanlage und der Standort der Brennöfen bleiben heute leider unbeachtet. Über eine Schienenanlage wurden die Ziegel von hier zum Ufer des Sees gekarrt und in Lastschiffe abgekippt.

Torfstecherei. Als Brennmaterial spielte einst Torf neben dem reichlichen Holz eine bedeutende Rolle. Noch 1900 wurde Torf in größerem Umfang von dem damaligen Eigentümer des Gutes Rankenheim, **Glaschke**, abgebaut und mit Lastkähnen nach Berlin gebracht. Nach dem I. und II. Weltkrieg flackerte die Torfproduktion wegen Kohlemangels für kurze Zeit wieder auf. 1919 wurde hinter der Poststraße bis zum See und in den Wiesen nach Egsdorf von der ‚Torfwerke Teupitz GmbH' Torf gestochen. 1947–1949 wurde die ‚Interessengemeinschaft Torfgewinnung' zum Abbau des südöstlich von der Stadt liegenden, fast 4 ha großen Hochmoortorfs tätig. Grundlage war ein Bericht der ‚Deutschen Geologischen Landesanstalt' von 1947, der diesen Torf als abbauwürdigen und guten Brennstoff auswies.

Teeröfen. Von den im Mittelalter wichtigen Öfen zur Teergewinnung aus kienreichem Holz gab es hier offensichtlich nur einen bei Tornow. Der Teerbrenner **Michael Meves** musste nach einem Bericht von 1668 den Schenken für die Ausübung dieses Gewerbes 16 Taler jährlich zahlen.

Der heute beliebte Badesee bei Egsdorf/Waldeck – einst Braunkohlenschacht. Foto P. Neumann. 2006

Braunkohlenschacht 1885 und Kiesgrube 1900

Im Egsdorfer Waldgebiet, nahe Sputendorf (heute OT Waldeck/Töpchin) wurde 1885 bis 1893 von der ‚Berliner-Kohlenwerke AG' ein 40 m tiefer gusseiserner Schacht angelegt, der einen 17 m dicken Braunkohlenflöz erschloss und täglich ca. 10.000 Hektoliter Kohle fördern sollte. Die Kohle sollte über die Töpchiner Kleinbahn zu den nahe gelegenen Ziegeleien oder über eine 1200 m lange Seilbahn zu einer Ablage am Teupitzer See transportiert werden. Wegen Wassereinbruchs konnte der Schacht nicht betrieben werden; das Konkursverfahren ergab ca. 1,75 Mill. Goldmark Betriebsschulden. Auch ein 1897 erneut unternommener Abbauversuch blieb erfolglos. Heute ist die alte Kohlegrube ein begehrter ‚heimlicher' Badesee für Jugendliche.

Südlich von Neuendorf gab es schon vor 1900 kleinere private Kiesgruben. 1930 förderte die ‚Berlin-Neuendorfer-Kiesgrubengesellschaft mbH' dort circa 400.000 m³ Beton-, Garten- und Filterkies, die an der Südspitze des Teupitzer Sees an einer Ablage in Transportkähne verladen wurden. Die vor dem II. Weltkrieg eingestellte Produktion sollte 2001 wieder aufgenommen werden, was jedoch vorerst am fehlenden Nachweis für deren Notwendigkeit und Rentabilität sowie am Widerstand der Umweltschützer des Ortes und Landes scheiterte. Damit blieben diese Ansätze industrieller Produktion ohne nachhaltigen Erfolg.

Schiffseigner Paul Schultze
(1884–1945)

Bootsmann Erich Schultze
(1919–1943)

Martha Schultze,
Ehefrau von Paul Schultze

Fotos W. Richter

Nachfahren von Ludwig Schultze, Urahn dieser Schifferfamilie; ihr Wohnhaus war das spätere ‚Café Edelweiß'

Schifffahrt

Die Teupitzer Wasserstraße führt durch 10 Seen und mündet bei Prieros in die Dahme, die ihren Lauf bis Berlin nimmt. Sie ist seit alters her schiffbar und verlief ursprünglich südlich von Groß Köris durch das flache Pupau-Wasser.

Lastschifffahrt 1749

1714 wurde die Schleuse bei Neue Mühle erbaut, 1749 auf königliche Weisung der ca. 500 m lange Mochheidegraben angelegt und die gesamte Strecke reguliert. Dieser Ausbau beförderte den Aufschwung der hiesigen Lastschifffahrt. 1851 trat die erste Polizei-Verordnung zum Befahren dieser Wasserstraße in Kraft.

Sie diente den staatlichen Salztransporten in den Teupitzer Raum, den umfänglichen Holz- und Ziegellieferungen aus den umliegenden Forsten und Ziegeleien nach Berlin, den Fischsendungen aus der Baruther Karpfenzucht, dem Transport des in Glashütte seit 1716 fabrizierten Glasgutes und des bei Neuendorf geförderten Kieses (z.B. 400.000 cm^3 im Jahre 1930). An ausgebauten *Ablagen* rings um den See wurden die Güter auf Schleppkähne verladen, die mit großen Stangen geschoben oder getreidelt wurden. Die Entwicklung Berlins zur Hauptstadt und die Industrialisierung ließen den Transport mit den großen Spreekähnen anwachsen. Durch die Eisenbahn (1867 Bahnhof Halbe, 1884 Haltestelle Töpchin, 1897 Bahnhof Groß Köris) und das Auto verlor dieser Transportweg seine Bedeutung.

Im 18. Jahrhundert zählte man in Teupitz 10 Schiffer, 1801 nennt die Chronik 6 Schiffer und 8 Schiffsknechte, 1858 6 Schiffseigentümer mit 27 Schiffern und 14 Stromfahrzeugen. Einer der Schiffer war **Ludwig Schultze** (1849–1929), der auf einem Denkmal in Schwerin mit drei anderen Schiffern als Retter der 1879 auf dem Schweriner See verunglückten Berliner Offiziere verewigt wurde. Am Ende seines Lebenslaufes schrieb er lakonisch: „Mühe und Sorge getragen mein Leben lang."

*MS Rheinpfalz, Postkarte 2002,
Archiv d. A.*

*Bohr's Brücke, Postkarte 1942,
A. Gunder*

Fahrgastschiffsverkehr um 1900, Bohr's Brücke 1925

Der Ausflugsverkehr mit Fahrgastschiffen nach Teupitz begann um *1895–1897*. Er verlief zunächst sporadisch, dann mit einzelnen Sonderfahrten und ab 1900 regelmäßig bis 1914; er verstärkte sich in den 20er Jahren bis Kriegsbeginn 1939 und nahm in der DDR-Zeit ab 1958 bedeutend zu, bis er 1979 wegen Treibstoffmangels wieder zurückging. Seit der Wende finden nur einzelne Charterfahrten statt.

Vor allem die *Berliner Schifffahrtsgesellschaften* 'Stern' (1888), Nobiling (1885), Bauer (1898) und später die 'Weiße Flotte' (1957) befuhren die Teupitzer Wasserstraße. Ihre häufig eingesetzten Schiffe waren: Die 'Hertha' (1886 gebaut, 1892 Namensgeberin des Berliner Fußballclubs, 186 Personen, 1950 als Jugendschiff umgetauft in *'Seid bereit'*, 1965 ausgesondert, erst 2002 vom BFC Hertha wiederentdeckt), die *'Stolzenfels'* (170 Pers., 1965 umgetauft in *'Alexander Futran'),* die *'Rheinpfalz'* (100 Pers.), die *'Kronprinz'* (291 Pers., umgetauft in *'Komet')* . Mit der 'Rheinpfalz' traf am 3. Juli 1930 der Kabarettist **Otto Reutter** in 'Tornows Idyll' ein.

Über Anlegestellen verfügten die drei Seegaststätten, aber auch die großen Stadtgasthäuser. Zur bedeutendsten Anlegestelle wurde die 1925 von der 'Stern'-Gesellschaft erbaute *'Bohr's Brücke',* benannt nach den Gebrüdern Bohr, die in unmittelbarer Nachbarschaft einen Kolonialwarenladen und ein Café-Restaurant betrieben. Die 'Hertha' war der erste Dampfer, der am 17. Juli 1925 an der neu errichteten Anlegestelle anlegte. Seit Anfang der 30er Jahre im Besitz der Stadt, dient die Brücke seit der Wende der Dahme-Schifffahrt-Teupitz. Auf deren Initiative wurde sie mit Bundesfördermitteln von knapp 300 TDM im Jahre 2000 neu errichtet, modern ausgestattet und ist seitdem ein beliebter Anziehungspunkt für die Teupitzer und ihre Gäste.

'Ketten-Schulze' am Zugang zum Teupitzer See, Postkarte 1910, Sammlung Klaar

Sperrung des Sees 1903–1910, ‚Ketten-Schulze'

In der Polizeiverordnung für die brandenburgischen Wasserstraßen vom 3. März 1903 stand der tückische Satz: „Durch den Teupitzer See führt keine öffentliche Wasserstraße." Der damalige Eigentümer des Rittergutes Teupitz, Baron von Parpart, hatte diese Bestimmung initiiert und benutzte sie nun, um den See am Mochheide-Graben mit einer eisernen Kette zu sperren und einen Durchfahrtzoll einzutreiben. Sein Bediensteter, der **Schiffer Ludwig Schultze** und Ahnherr einer Teupitzer Schifferfamilie, im Volksmund ‚Ketten-Schulze' gerufen, kassierte das Geld, indem er den an einer langen Stange befestigten Beutel den Passierenden entgegen hielt.

In Teupitz konstituierte sich daraufhin eine *„Kommission zur Wahrung der öffentlichen Schifffahrts- und Uferrechte der Bürger von Teupitz und Bewohner der Umgegend"* unter Vorsitz des Teupitzer Färbermeisters **Louis Schnell** (Teupitzer Mitglieder: **Paul Koch sen., Max Hoffmann, Louis Minkwitz**) und dem Bevollmächtigten des Eigentümers von Gut Rankenheim. Die Kommission legte eine rechtliche Begründung über den öffentlichen Charakter der Wasserstraße vor, brachte dafür zehn eidesstattliche Erklärungen von Schiffern zu Papier, sammelte 67 Unterschriften von Bürgern gegen die Seesperrung und legte Widerspruch ein beim Minister des Inneren, beim Minister für Handel und Gewerbe und über den Magistrat der Stadt beim Regierungspräsidenten in Potsdam. Von Parpart pochte jedoch auf seine Eigentumsrechte am See. Der sich anschließende Rechtsstreit dauerte bis zum Sommer 1910; von Parpart war gerade wenige Wochen gestorben, als die Zivilkammer des Königlichen Landgerichts II in Berlin entschied, dass die Sperre zu beseitigen sei. Die Erfahrungen der erfolgreichen Bürger-Kommission gehören wie jene des Arbeiter- und Soldatenrates zu den wertvollsten demokratischen Traditionen der Stadt.

‚Tante Else', um 1928, Foto B. Pflugmacher

Seereederei Lehmann 1912–1943

Um die Jahrhundertwende begann der Schlossermeister **Karl Lehmann** den Motorbootverkehr auf dem Teupitzer See. Am *5. Juli 1912* wurde ihm durch Erlass des Brandenburgischen Regierungspräsidenten der Fährbetrieb übertragen und damit die Reederei geboren. Sein Motorboot ‚*Freund Max*' (17 m x 3,10 m, 98 Personen, benannt nach dem Sohn) wurde weithin bekannt.

Ihre Blütezeit erlebte die Reederei in den 20er Jahren unter dessen Sohn, dem unternehmerisch vielseitigen und lebenslustigen **Max (‚Bombke') Lehmann** (1890–1943). Sein Wohn- und Geschäftshaus lag direkt am Markt 23, die Werkstatt und Anlegestelle am Stadtufer dahinter. Am 29. Juni 1925 fand der Stapellauf des wohl bedeutendsten Schiffes auf den hiesigen Gewässern statt, der ‚*Tante Else*', benannt nach der Frau des Reeders. Das Salon-Kajütboot bot 145 Menschen Platz, war 20 m lang und 3,60 m breit, völlig aus Stahl gebaut, hatte im Vorderteil ein Sonnendeck und auf 2/3 Länge eine neunfenstrige Kajüte. Ab 1932 durften während der Fahrt auch alkoholische Getränke verkauft werden. Zum Schiffspark gehörten außerdem das Kajütboot ‚Heinerle' (Name des Sohnes, 60 Fahrgäste), das Motorboot ‚Pauline' (Name der Mutter, 25 Fahrgäste), die ‚Seddin' und ‚Mutters Liebling'.

Neben dem regelmäßigen Fährbetrieb zum jenseitigen Ufer, zu den Inseln und zum Bahnhof Groß Köris gehörten Dubrowfahrten, Sonderfahrten zu den Teupitzer Seefesten und Seerundfahrten zum Programm. Kriegsbedingt und durch den Tod Max Lehmanns endete der Reedereibetrieb 1943.

Nach dem Krieg und in der DDR-Zeit hat **Karl-Heinz Lehmann** mit der ‚Pauline' lediglich einen hochgeschätzten Saisonbetrieb bis zu seinem frühen Tod 1969 weitergeführt.

MS ‚Party' und Flaggschiff ‚Schenkenland', Postkarte 1993, Leihgabe U. Kaubisch

‚Dahme-Schifffahrt-Teupitz' 1991

Die veränderten wirtschaftlichen Bedingungen seit dem 3. Oktober 1990 veranlassten den Teupitzer Dipl.-Ök. und Freizeitsegler **Hans-Ulrich Kaubisch** (Jahrgang 1950) ein privates Schifffahrtsunternehmen aufzubauen. Nach verschiedenen Vorstufen mit der ‚Undine' (12 Pers.) und der ‚Möve' (40 Pers.) wurde am *1. Mai 1991* die ‚Dahme-Schifffahrt Teupitz' aus der Taufe gehoben. Am 22. Juni 1996 konnte der 35 m lange Steg und Liegeplatz für deren Schiffspark am Ufer des Grundstücks Markt 16 eingeweiht werden. Das Motorschiff (MS) ‚Party' (40 Pers.) fuhr bis 1997, das MS ‚Liberty' (75 Pers.) von 1995–1999.

Bereits seit 1993 dient das moderne Flaggschiff des Unternehmens, die *‚Schenkenland'* (150 Pers.), dem Linien- und Charterbetrieb auf den Teupitzer Gewässern. Ihr Name folgte der Bezeichnung ‚Schenkenländchen', welche das hiesige Gebiet seit Jahrhunderten trägt. 1993 gebaut auf der Placke-Werft in Aken, bietet die ‚Schenkenland' 65 Personen Platz im Salon und 85 Personen auf dem Oberdeck. Rundfahrten auf dem Teupitzer See, Fahrten über vier Seen bis Groß Köris und über zehn Seen bis Prieros bringen den Gästen die Schönheiten des Teupitzer Seengebietes näher. Bustransfer, Bordversorgung und musikalische Unterhaltung vervollkommnen den Service. Seit 2002 gehören außerdem exklusive Fahrten mit der in Holland gebauten *Luxusjacht ‚Ilse'* (12 Pers., Baujahr 2001), traditionsgemäß benannt nach dem Vornamen der Ehefrau und Mitarbeiterin des Reeders, zum Programm.

Mit seinem bereits 15-jährigen Wirken erwarb sich dieses Unternehmen im Verbund mit den touristischen Angeboten im ‚Tuptzer Hafen' einen geachteten Namen im südlichen Brandenburg.

Teupitzer
Spar- und Darlehnskassen-Verein
eingetr. Genossenschaft mit unbeschr. Haftpflicht.
Gegr. 1900.

Teupitz, Lindenstraße 6.
Postscheckkonto Berlin 132011.
Bankverbindung: Giro-Konto Dresdner Bank Genossenschaftsabteilung, Berlin W. 56.
Fernsprecher Teupitz 47.

Ausführung sämtlicher bankmässigen Geschäfte.

Depositen-, Kontokorrent- und Scheckverkehr.
Gewährung von Krediten in laufender Rechnung — nur an Mitglieder — Sicherstellung durch Bürgschaft oder Hypothek.
Ankauf von Geschäftswechseln.
An- und Verkauf von Wertpapieren, Verlosungskontrolle, Einlösung von Zins- und Dividendenscheinen, Ueberweisung auf alle Bankplätze.
Einziehung von Schecks und Wechseln.
Annahme von Spareinlagen auch von Nichtmitgliedern bei höchster Verzinsung.

Inserate in: Der Märker 10.11.1932

Und als Neujahrsgeschenk erst recht Ein Sparbuch bei der Teupitzer Spar- und Darlehnskasse E. G. m. u. H.

Der Märker 31.12.1932

Sparkasse 1900

Am 23. Dezember 1900 wurde der Teupitzer Spar- und Darlehenskassen – Verein als eingetragene Genossenschaft von 17 Geschäftsleuten aus dem Schenkenländchen gegründet. Die Idee kommunaler Sparkassen, ursprünglich aus der Idee der Altersvorsorge kommend, war erstmals 1818 in Berlin verwirklicht worden und hatte nach und nach die brandenburgischen Städte und Landkreise erfasst. Die Mitglieder mussten im Geschäftsbereich wohnen, im Besitz der bürgerlichen Ehrenrechte sein und keiner anderen Kreditgenossenschaft angehören. Die Rezeptur (Kasse) der Sparkasse verwaltete der **Rendant (Kassierer) Henschel**. Nach Beendigung des ersten Geschäftsjahres zählte die Genossenschaft bereits 34 Mitglieder.

Die Tätigkeit des Vereins erstreckte sich nach dem Stadtchronisten Franz Hoffmann auf drei Punkte:

1. Annahme von Spareinlagen und müßig liegender Gelder gegen entsprechende Verzinsung.
2. Bewilligung von Darlehen an kreditfähige und kreditwürdige Mitglieder gegen passenden Zinsfuss zu wirtschaftlichen Zwecken.
3. Gemeinschaftliche Anschaffung von Wirtschaftsgütern (Kunstdünger, Kraftgut, Saatgut etc.) im Großen und Abgabe derselben im Kleinen.

Heute lebt die Grundidee der kommunal und sozial engagierten Teupitzer Sparkasse im Wirken der modernen ‚Kreissparkasse Dahme-Spreewald' fort, die Bürgern und Gewerbetreibenden Finanzdienstleistungen anbietet. Umso verständlicher war der Unmut zur Entscheidung der Sparkasse, im August 2003 den Schalterbetrieb in der Zweigstelle Teupitz einzustellen bzw. zu begrenzen. Mit Sorge erfüllte alle Einwohner der Überfall auf die Sparkasse am 12. September 2002.

Pentairgasanstalt in der Lindenstraße, Postkarte 1909, Sammlung Klaar

Pentairgasanstalt 1909, Elektrifizierung 1922

1909 wurde von **Bürgermeister Rathenow** die Maschinenfabrik Carl Francke, Bremen, mit der Errichtung einer Pentairgasanstalt in der heutigen Lindenstraße beauftragt. Diese Fabrik war spezialisiert auf den Bau, die Finanzierung und die Verwaltung solcher Anlagen und errichtete die Gasanstalt unter Bauleiter Carl Zimmermann in relativ kurzer Zeit bis zum Ende des Jahres *1909*. Als Betriebsleiter fungierte **Paul Getschmann,** dem auch eine Gastwirtschaft in der späteren ‚Bauernschänke' gehörte.

Neben dem Gebäude, dessen Kern in Gestalt des heutigen Bauamtes erhalten ist, gehörten dazu der Pentairgaserzeuger, ein großer Gasbehälter, das Rohrnetz in der Stadt, die Straßenbeleuchtung, die Anschlüsse und Installation für 84 Haushalte und die Rathausbeleuchtung sowie die spezielle Versorgung der **Schlosserei Krause**. Insgesamt kostete diese beträchtliche städtische Neuerung 58.000 Mark. Doch schon 1915 wurde sie wegen kriegsbedingten Benzinmangels abgewickelt. Das Pentairgas war ein Benzin-Gasgemisch, das vor der Elektrifizierung weit verbreitet für die Beleuchtung der Städte und Häuser sowie zum Kochen in den Haushalten eingesetzt wurde.

In Teupitz wurde es im Jahre *1922* von Elektroenergie abgelöst, 43 Jahre nach der Erfindung der Glühlampe. 1921 hatte sich die Elektrizitäts-Gemeinschaft Süd-Teltow als eingetragene Genossenschaft mit Sitz in Groß Köris konstituiert. Die Stromlieferungen bezog sie von der ‚Märkischen Elektrizitätswerk AG Berlin'. Sie sorgte für den Bau der Hochspannungsleitung Groß-Besten/Halbe, einschließlich der erforderlichen Stichleitungen, Transformatorenstationen und Ortsnetze und organisierte die Stromabrechnungen. Die Landesirrenanstalt war schon seit 1908 durch eine eigene Anlage mit elektrischem Strom zur Beleuchtung versorgt worden.

Gewerbepark an der A 13, Foto d. A. 2001

Gewerbepark 1994

Der Aufbruchstimmung und den Illusionen der Nachwendezeit folgend beschloss die Stadtverordnetenversammlung 1992, einen Gewerbepark direkt an der Anschlussstelle Teupitz der Autobahn A 13, Berlin-Dresden, zu errichten. Ein gewagtes Unternehmen, da die am Fremdenverkehr orientierten Traditionen der Stadt dies kaum empfahlen, im nahen Halbe ein ähnliches Projekt in Angriff genommen wurde und im verlassenen Kasernenkomplex Massow bereits bessere Voraussetzungen bestanden.

Ein Gelände in der Größe von 17 ha Brutto- und 12 ha Nettofläche wurde nach einem genehmigten Bebauungsplan der Kommune bis 1994 vollständig mit Wasser, Abwasser, Strom, Telekommunikation und asphaltierten Straßen erschlossen. Zur Ansiedlung produzierenden Gewerbes aller Dienstleistungen organisierte das Amt Schenkenländchen verschiedenste Werbekampagnen, wobei der durchschnittliche Kaufpreis mit 50 DM/m² (2001) durch die vollständige Erschließung beträchtlich hoch geworden war.

Die Ergebnisse des Verkaufs von Flächen und der tatsächlichen Ansiedlung blieben bis 2005 mehr als spärlich; eine Baufirma, eine LKW-Waschanlage, das Lager eines kleinen Logistikbetriebs, ein Unternehmen zum Bau von Tankstellenanlagen sind bisher die einzigen Nutzer. Die Teupitzer Schützengilde errichtet bis 2007 auf einer Teilfläche ihr Schützenhaus und dazugehörige Schießanlagen.

Es bleibt nur zu hoffen, dass die hier investierten ca. 9,5 Mill. DM Fördergelder des Bundes/Landes nicht ‚in den märkischen Sand gesetzt' worden sind, sondern sich als zukünftiges Entwicklungspotential erweist.

Vollbiologische Kompaktkläranlage am Tornower Weg, Foto d. A. 2002

Abwasseranlage 1997

1993 beschlossen die Stadtverordnetenversammlung von Teupitz und die Gemeindevertretung Schwerins die Bildung und Satzung des ‚*Abwasserzweckverbandes Teupitzsee*' mit dem Zweck der schadlosen Abwasserbeseitigung für ihr Gebiet.

An dem für diesen Zweck 1994 eröffneten europaweiten Ausschreibungsverfahren beteiligten sich nach Presseberichten 17 Firmen. Den Zuschlag erhielt das ganzheitliche Angebot der Essener Saarberg Hölter Wassertechnik (SHW) GmbH über Planung, Bau, Finanzierung und Betrieb der Kläranlage und des ca. 18 km langen Kanalnetzes mit ca. 1200 Anschlüssen. Am 9. Oktober 1996 fand der erste Spatenstich statt, schon am *17. Juli 1997* wurde die *vollbiologische Kompaktkläranlage* für ca. 4000 ‚Einwohnerwerte' eingeweiht und bis 1998 die Mehrzahl der Grundstücke an die zentrale öffentliche Abwasserentsorgung angeschlossen. Die Lage im Landschaftsschutzgebiet und unweit vom Teupitzer See machte ein spezielles Versickerungssystem der gereinigten Abwässer über eine Fläche von 4000 m² erforderlich.

Die bisherigen Gebühren werden nach der Wohn- und Nutz-, nicht nach der Grundstücksfläche berechnet. Die Finanzierung in Höhe von 17,3 Mill. DM erfolgte über einen Kommunalkredit, der die kommunalen Haushalte von Teupitz und Schwerin nicht belastete. Die Anlage garantiert eine wesentliche Erhöhung der Wohnqualität im Verbandsgebiet, ermöglichte die Genehmigung der Bebauungspläne zum Wohnungsbau sowie zu den Neubauten der Landesklinik und trug wesentlich zur Verbesserung der Wasserqualität des Teupitzer Sees bei. Sie gehört zu den wichtigsten Errungenschaften in der Stadtgeschichte.

LUFTKURORT TORNOWS IDYLL

am 2000 Morgen grossen Teupitzer See im Thal am eigenen Hochwald gelegen

Das eigenartigste Etablissement der Mark mit überraschenden Anlagen. Aussichtsturm auf einer 15 Meter hohen Eiche.

Sehr beliebter Ausflugsort für Berliner Vereine.

Für Pensionäre freie Bootbenutzung.   Pensionspreis von 3 Mark an.

Besitzer: **W. Tornow.**

Inserat aus: F. Hoffmann, Geschichte von Schloss und Stadt Teupitz, 1902

Fremdenverkehr und Restaurationen – *seit 1900 eine wirtschaftliche Grundlage der Stadt*

Als einflussreiche Residenzstadt war Teupitz 1717 untergegangen; um 1900 nahm es als Fremdenverkehrsstadt einen neuen Aufschwung. Dessen Höhepunkt lag in der Weimarer Zeit; in der DDR setzte sich diese Entwicklung in anderer Form fort, brach aber durch die Veränderungen 1989 und einer danach anders orientierten Kommunalpolitik fast ab.

‚Tornows Idyll' 1896

Markantestes und weithin geschätztes Symbol des Teupitzer Fremdenverkehrs wurde das am Westufer gelegene Ausflugslokal ‚Tornows Idyll', benannt nach seinem Gründer und seiner idyllischen Lage. **Wilhelm Tornow** (1849–1921) eröffnete das Lokal am 9. 8. 1896 und leitete es bis zu seinem Tode. Erneuten Aufschwung brachten die Berliner **Pächter Graf** in den Jahren 1928–1931. Im Familienbesitz blieb es bis 1958, wurde dann volkseigen und ging über in die Rechtsträgerschaft der staatlichen Handelsorganisation (HO) bzw. 1988/89 des Wohnungsbaukombinats Erfurt. Dessen begonnenes Bettenhaus blieb in der Wende als Rohbau stehen. Seit 1990 ist es geschlossen und verfällt. 1995 wurde es von der Treuhand an die **M. Wolff-GmbH** verkauft, deren Verwertungs- und Bebauungskonzept noch keinen Käufer/Betreiber fand. Neben dem Gast- und Logierhaus verfügte das Lokal seit 1907 über eine 150 m² große Holzveranda mit separatem Ausschank, seit 1913 über einen Tanzsaal für 300 Personen und als besondere Attraktion über den einmaligen *Laubengang mit 7 Baumlauben*.[*]

---

[*] Das waren in die Strandbäume eingebaute Holzpodeste mit Brüstung, Dach, kleinen Tischen und Bänken für 4–8 Personen, denen hier serviert werden konnte. Ihre originellen Namen: ‚Zur ersten Liebe', ‚Zum Süßholzraspeln', ‚Sitz für Kosende', ‚Liebchens Schmollplatz', ‚Die Klatschlaube', ‚Emmas Ruh', ‚Für steckbrieflich Verfolgte'.

„Seebad Kleine Mühle", Postkarte 1913, Sammlung Klaar

„Seebad Kleine Mühle' 1902, „Delfter Kamin' 1931

Die Bockwindmühle auf der benachbarten Anhöhe gab dem um 1900 errichteten Restaurant mit Logierhaus den Namen, der wegen kreisweit anerkannter Leistungen im Fremdenverkehr erweitert wurde zum *„Seebad Kleine Mühle'*. Es existierte bis 1918 und geriet durch die Kriegsfolgen in den Konkurs. Seine bekanntesten Leiter waren **Auguste Roll** und **Horst Hillmann**. Freilichtveranstaltungen am Orchesterpavillon im Park und Konzerte im herrschaftlichen Parkettsaal zogen ebenso viele Gäste an, wie der Badestrand und die Haltestelle für Dampfer, Ruder- und Segelboote am 200 m breiten Ufer an der Südspitze des Sees.

Weitere Etappen:

1919–1931	*Privat genutztes Anwesen*, zuletzt des in Berlin tätigen holländischen **Ingenieurs Mainßen**, der einen Kamin aus originalen Delfter Kacheln mit biblischen Motiven einbaute.
1931–1945	*„Delfter Kamin'*, ein Restaurant und Hotel der gehobenen Klasse, Leitung **Hedwig Graf**.
1945–1952	*Heim für milieugeschädigte Kinder.*
1952–1989	*Schulungs- und Betriebsferienheim der Berliner Charité.*
Nach 1990	*„Schulungs- und Gästehaus Egsdorf'* einer Berliner Bildungseinrichtung.

2002 erfolgte nach langwierigem Rechtsstreit die Rückübertragung an die Erben Hedwig Grafs. Derzeit ist die Perspektive des Objekts noch offen.

Krügers ‚Waldfrieden' am Fuße von Amtmanns Weinberg, Postkarte 1924, Archiv d. A.

Krügers ‚Waldfrieden' 1910

Die dritte der großen Teupitzer Seegaststätten wurde 1910 von dem früheren Bauunternehmer **Wilhelm Krüger** (1874–1940) am Fuße von Amtmanns Weinberg eröffnet. Sie lebte vom Besucherstrom über den Wasserweg aus Berlin und Brandenburg und wurde in kurzer Zeit eine gefragte touristische Adresse. Sie wurde 1912 durch den Fährbetrieb enger mit Teupitz verbunden und erhielt 1926/27 wegen der ansteigenden Auto- und Bustouristik einen großen Parkplatz. 1925 wurde eine Halle mit Terrasse zum See errichtet, die Parkanlage verschönert, das Ufergestade neu gestaltet und die Dampferanlegestelle modernisiert. Der geplante Aussichtsturm auf Amtmanns Weinberg kam leider nicht zur Ausführung.

Als Mitglied des ‚Gastwirtevereins' war Wilhelm Krüger engagiert bei der Organisation der berühmten Teupitzer Seefeste. Mit seinem Kollegen Paul Brendel von der Stadtgaststätte ‚Zum goldenen Stern' organisierte er das erste Dauer- und Wettschwimmen über den Teupitzer See, das am 2. September 1925 Turngenosse Stahr gewann. ‚Der Märker' brachte 1930 einen Sonderartikel, der die Leistungen der Wirtsfamilie würdigte. Der Sohn Wilhelm Krügers führte das Lokal bis zum Krieg weiter, konnte bzw. durfte es aber nach Rückkehr aus der Kriegsgefangenschaft 1948 nicht wieder eröffnen.

In den DDR-Jahren wurde die Gaststätte verpachtet und als *Kinderferienlager und Betriebsferienheim* zunächst des *VEB Berlin-Chemie* und seit Anfang der 50er Jahre des *Berliner Rundfunks* genutzt. Mit der Wende ging diese sinnvolle Auslastung verloren. Die Enkelin Wilhelm Krügers übernahm 1990 das Objekt als private Wohnstätte. Seine Wiedergeburt als Ausflugszentrum ist derzeit nicht geplant und doch nicht völlig ausgeschlossen. Mit einer Ferienanlage wurde ein neuer Anfang gewagt.

Columbus hat das Land der Yankees,
Den Nordpol Nansen aufgespürt,
Professor Koch jedoch verdank' es,
Daß der Bazillus dekouvrirt;
Für Ruderer 'zig Mal wohl reichlich,
Mehr wichtiger als Alles dies
Ist, daß entdeckt ein unvergleichlich
Ganz beautyfulles Paradies.

„Tornows Idyll", dies ist sein Name,
Am Teupitz-See, am Waldesrand,
Du Perle von der Spree und Dahme,
Du gastlich Heim auf märk'schem Sand!
Es geben heut' mit frohen Grüßen
Dem Wassersport wir hiervon Kund';
Mög' And'ren gleiches Glück ersprießen —
Dies wünscht der Amicitienbund.

Gedicht von Berliner Ruderern,
Teltower Kreisblatt 5.5.1897

SEEFEST
in Tornows Idyll
am Teupitzsee

Sonnabend, den 14. Juli:

Ab 3 Uhr nachm. Gartenkonzert und Tanz im Freien.

8 Uhr abends Sommernachtsball — Anschliessend Motorbootfahrt der Reederei Lehmann zur Korsofahrt des Schweriner Segelclubs.

Sonntag, den 15. Juli:

Ab 1 Uhr Konzert und Tanz im Freien — Bei eintretender Dunkelheit:

Brillant-Feuerwerk

Eintritt für beide Tage 1 Mark

Hierzu ladet ergebenst ein
Hotel-Restaurant Tornows Idyll.

Annonce, Der Märker 14.7.1928

Mekka der Ruderer um 1900, Eierfahrten, Seefest 1925

Die Gründung des ersten ‚Berliner Rudervereins 1876 e.V.', die erste Ruderregatta 1880 in Grünau und die 1895 verfügte Einführung des Schülerruderns in Berlin wirkten als Initialzündung auch für den Rudersport in den Teupitzer Gewässern. Zwischen 1895–1900 entdeckten die Berliner und Brandenburger Ruderer die Schönheit der Teupitzer Wasserstraße. Durch seine gastfreundliche Kommunalpolitik sowie seine einladenden Ausflugsgaststätten wurde Teupitz in kurzer Zeit ein *Mekka der Berliner Ruderer*. Die Vereine Amicitia, Borussia, Hella, Sturmvogel, Berliner RC, Favorite, Viktoria, Neptun, RC Rahnsdorf, Rudergesell Gorch Fock und andere machten Himmelfahrt, Ostern und Pfingsten zu Festtagen des Rudersports in Teupitz.

Die beliebte, fast vergessene Tradition der *Eierfahrten* entstand. Die jährlich zuerst eintreffenden Ruderer erhielten von jedem Gastwirt, an dessen Steg sie anlegten, eine Mandel (15–16 Stück) frischer Eier. Wahrscheinlich entstand dieser Brauch im Zusammenhang mit dem Osterfest, das häufig den Beginn der Rudersaison einläutete. 1912 trafen fünf Ruderer des Vereins ‚Neptun' bereits am 10. Januar in ‚Tornows Idyll' ein, um die erstrebte Mandel Eier zu erhalten. In den 20er Jahren wurden die Rudertraditionen ergänzt durch die Segelregatten und Motorbootrennen des ‚Segel-Clubs-Schwerin' bzw. des ‚Yachtclubs Teupitzsee e.V.'

Am 9. Juli 1925 wurde erstmalig das berühmte *Teupitzer Seefest* als Stadtfest aller Bürger, aller Vereine, der Gewerbetreibenden und der Kommune durchgeführt. Diese, mit dem See verknüpften Traditionsfeste, organisierte der Bürgermeister in Verbindung mit dem ‚Gastwirte-' und dem ‚Gewerbeverein'. Sie bereicherten das städtische Leben bis in die 30er Jahre.

In dieser Gaststätte weilte Th. Fontane, als er schrieb:
„Habe dich ins Herz geschlossen
Städtchen Teupitz klein und sauber,
Werde nimmermehr vergessen
Deiner Reize milden Zauber"

‚Zum goldenen Stern' am Markt, Postkarte um 1930, B. Pflugmacher

‚Zum goldenen Stern' um 1850

Zur traditionsreichsten Stadtgaststätte, zum gesellschaftlichen Treffpunkt und Vereinszentrum in der ersten Hälfte des vorigen Jahrhunderts entwickelte sich das Hotel und Gasthaus ‚Zum goldenen Stern' an der Ecke Markt/Kirchstraße. Über 100 Jahre öffnete es unter wechselnden Inhabern für die Einwohner und ihre Gäste, bis es 1967 zu einer Lebensmittelverkaufsstelle umfunktioniert, 1980 zu einer Arztpraxis umgebaut und nach der Wende für den Neubau eines Optikergeschäfts abgerissen wurde.

Gegründet von Bäckermeister **Wilhelm Bullrich** (1801–1856) und seiner Ehefrau **Wilhelmine Bullrich** (1805–1881) nahm schon **Theodor Fontane** im ‚Goldnen Stern' Logis, als er 1862 zum ersten Male in Teupitz weilte. Sein Frühstücksgespräch mit der Stern-Wirtin floss in das bekannte Teupitz-Feuilleton ein und machte diese weltberühmt.

Das Lokal verfügte neben den Galasträumen über einen großen Tanzsaal, eine Dampferanlegestelle am rückseitigen Seeufer und seit 1899 über eine 300 Personen fassende Glashalle im Garten. Über Jahrzehnte diente das Haus als ‚Stern-Kino' den Einwohnern zur Filmvorführung und die umgebaute Gartenhalle nach 1945 den Schülern als Turnhalle. Vor allem die Hoteliers **Leonhard Söhnlein** (1912–1918) und das **Ehepaar Klara** und **Paul Brendel** (1920–1943?) prägten den gastfreundlichen und veranstaltungsreichen Charakter des Hotels. Über der Theke hing der Spruch: ‚Es ist kein Märchen, hier bedienen Paul und Klärchen'.

Von dem während des Krieges verstorbenen, kinderlosen Ehepaar Brendel erbte Pfarrer **Gottlieb Großmann** das Gasthaus, der es nach 1945 an die staatliche Handelsorganisation verpachtete. Als HO-Gaststätte diente es bis 1967.

Gasthof ‚Zur Linde' in Tornow, Fotos 1992, 2004, U. Lewke

‚Zur Linde' um 1850

Einer der ältesten und beliebten Dorfgasthöfe der Umgegend ist die Tornower Einkehr ‚Zur Linde', die in ihrer langen Geschichte seit der Mitte des 19. Jahrhunderts immer eine gefragte Adresse der Ortsansässigen, Zeltler, Soldaten und Urlauber blieb, ebenso wie die unweit gelegene, um 1895 eröffnete Gaststätte *‚Zum grünen Baum'*. Neben dem Gastraum bieten der Saal und der Biergarten beste Möglichkeiten für Feierlichkeiten aller Art. Als langjährige Wirtin der ‚Linde' wirkte **Margarete Lewke** (1926–2003), die wegen ihres unermüdlichen Einsatzes und ihrer selbstverständlichen Freundlichkeit von allen Leuten stets nur ‚Gretchen' gerufen wurde. Im Jahre 2003 hat **Ulrich Lewke** dieses Erbe seiner Mutter übernommen.

Gemeinsam mit dem *Dorfclub* hat der Gasthof die uralte Tradition des *Rosenbaumfestes* in Tornow heimisch gemacht. In jedem Sommer zieht es Bewohner und Gäste in ihren Bann. Gegen Mittag machen sich die jungen Tornower Männer auf zum Dorfplatz, um den am Vorabend von der Jugend unter Anleitung des versierten **Olaf Guhlke** umflochtenen und mit einer Krone geschmückten, etwa 12 m langen Rosenbaum abzuholen. Begleitet von einer Kapelle und vielen Schaulustigen tragen sie ihn auf den Schultern zum Festplatz. Dort wird der Baum unter Jubel und Applaus per Hand aufgerichtet und fest verankert. Nach dem Leeren des kreisenden Bierstiefels als Lohn für diese Anstrengungen und dem anschließenden Rosentanz begeistert ein lustiges Volksfest stets Alt und Jung.

Zum bevorstehenden Weihnachtsfeste
empfehle
ff. Honigkuchen
Tannenbaum-Kakes, Marzipan, Weihnachtsschokolade sowie
ff. Konfitüren, Kuchen und Stollen in bekannter Güte.
Georg Kaatsch, Fein- u. Weißbäckerei
TEUPITZ, am Markt.

Allgemeiner Anzeiger für Teupitz, 12.12.1912

Kaatsch
BÄCKEREI · KONDITOREI
CAFE · RESTAURANT
Teupitz am Markt
Ruf (03 37 66) 43 60

Täglich von 5.30 bis 23.30 Uhr geöffnet!

Wir erwarten Sie *sieben* Tage die Woche –
17 *Stunden* am Tag

Wir bieten Ihnen:
Frühstück ab 6.30 Uhr
warme Speisen bis 23.30 Uhr
zwölf Sorten Eis
aus eigener Produktion

Täglich frisches Brot, Brötchen,
Kuchen und Gebäck
...und jetzt auch sieben
Gästezimmer und zwei Appartements.

Dahme-Spree-Magazin 9/1994

Bäckerei und Restaurant Kaatsch 1870, 1994

Um 1870 errichtete der Bäcker **August Kaatsch** an der Ecke Markt/Poststraße, wo bis dahin ein Nagelschmied sein Handwerk betrieb, eine Bäckerei. Als Familienbetrieb lieferte sie den Teupitzern bis 1961 gute Backwaren. Doch 1961 verließ der Nachfolger **Friedrich-Ludwig Kaatsch** Teupitz und zog nach Hamburg, so dass die Bäckerei in andere Hände überging.

1991 kaufte dieser, hier noch immer mit seinem Spitznamen ‚Leu' gerufen, den Familienbesitz zurück. Er errichtete mit Eigenkapital, Fördermitteln und einem Kredit von 3,5 Mill. DM bis 1994 anstelle der verfallenden Bäckerei ein modernes Geschäftshaus. Darin fanden eine Bäckerei, ein Café und Restaurant, neun Gästezimmer und eine Filiale der Kreissparkasse Platz. 15 Arbeitsplätze wurden geschaffen. Zur Eröffnung drängelten sich Käufer aus der ganzen Umgebung. 18 Brot- und 40 Kuchensorten kamen zum Angebot, das Geschäft florierte und der Zuspruch der Gäste war kaum zu meistern.

Doch der Schein trog. Die Baukosten, die Zinsbelastung sowie die Betriebskosten des Unternehmens waren zu hoch. So wuchsen die Außenstände bis 1997 beträchtlich und die Lohnzahlungen blieben aus. Die letzten fünf Angestellten stellten einen Konkursantrag, dem im Mai 1997 stattgegeben wurde. Gedacht wird des ‚Leu' und dessen Sohn, des 23-jährigen Betreibers **Israel Kaatsch**, trotzdem mit Achtung, denn Teupitz verdankt beiden ein geschätztes Anwesen mit Restaurant, dessen Wiedereröffnung als Wunsch weiter lebt.

Nach Leerstand vermietete der Gläubiger, die Kreissparkasse, das Haus 2003 an der Versicherungsmakler Hilmar Stolpe und verkaufte es 2005 an das Amt Schenkenländchen.

Teupitz am See

Rechts das ‚Restaurant Marwitz', heute ‚Tuptzer Hafen', Postkarte 1918, M. Sagner

‚Restaurant Marwitz' 1874

Selbst bei den ältesten Teupitzern ist es fast vergessen, das 1874 bis 1922 am Markt 16 geöffnete ‚Restaurant Marwitz', benannt nach seinem Begründer, dem Kaufmann **Wilhelm Marwitz** (1830–1906). Durch ein Restaurant, eine große Gartenhalle und eine Dampfer- und Bootsanlegestelle nahm das Haus in seiner Zeit eine zentrale Stellung im gesellschaftlichen Leben der Stadt ein, die später auf den ‚Goldenen Stern' (1899 Bau dessen großer Gartenhalle) und den ‚Schenk von Landsberg' (1910 Eröffnung) überging. Seiner erfolgreichen Entwicklung lagen die begünstigenden Bedingungen der Gründerjahre und der langen Friedensperiode von 1871 bis 1914 zugrunde. Der Schwiegersohn, **Hermann Lange,** leitete mit Umsicht das Haus seit 1902, auch durch die schwierigen Kriegsjahre 1914–1918, ehe es der Halber Gastwirt **Otto Schneider** bis zu seiner Schließung 1922 übernahm. Es sollte 75 Jahre dauern, bis durch den ‚Tuptzer Hafen' die Traditionen des Marwitzschen Restaurants fortgesetzt wurden.

Die Schützengilde (1857), der erste Teupitzer ‚Sängerkreis' (1872), der ‚Obst- und Gartenbauverein' (1911), der ‚Kleintierzuchtverein' (1917) hatten hier bis 1922 ihr Zuhause. Berliner Ausflugsdampfer und Rudervereine hielten am Steg. Theaterstücke hiesiger Vereine und Berliner Bühnen kamen zur Aufführung, Tanz- und Anstandsunterricht zog die Jugend an.

Am Ufer eröffnete der Bürgermeister 1912 die erste städtische Teupitzer Badeanstalt, getrennt für Damen und Herren. Am 17.11.1918 wurde von der Einwohnervollversammlung in der Gartenhalle der Arbeiter- und Soldatenrat von Teupitz gewählt. Endlich der Kriegssorgen ledig, feierten die Teupitzer hier den Sylvesterabend 1918 mit einem Konzert und Tanz.

Gasthof ‚Zur goldnen Sonne' am Markt, Postkarte 1906, Archiv d. A.

‚Zur goldnen Sonne' um 1902

Am Markt Nr. 5, neben dem ehemaligen Kolonialwarengeschäft von Carl Fock, hatte etwa seit 1902 ein kleiner Gasthof geöffnet, der 1943 kriegsbedingt schließen musste und nach 1945 wegen ‚Flucht' des Eigentümers nach Westberlin und Verkauf des Anwesens verschlossen blieb. Sein Name ‚Zur goldnen Sonne', sein langjähriger Inhaber **Eugen Krüger**, sein Angebot: ‚Gutes Logis. Schmackhafte Speisen. Vorzügliche Biere.' Als gelernter Konditor hatte Eugen Krüger einen einschlägigen Beruf und als Stadtverordneter einen gewissen Einfluss in der Stadt. Viele Jahre hatte die Freiwillige Feuerwehr von Teupitz, der Eugen Krüger als einfacher Feuerwehrmann angehörte, in dem 1925 eingerichteten Vereinszimmer ihren Treffpunkt. 1930 erfolgten eine durchgehende Restaurierung des Betriebes und eine festliche Einweihungsfeier. Doch immer blieb der Gasthof im Schatten der berühmten Lokale ‚Zum goldnen Stern' und ‚Schenk von Landsberg'.

Anfang der 30er Jahre sollte sich das ändern. Der Gasthof avancierte zum *‚Partei- und Sturmlokal'* der Ortsgruppe der *NSDAP*, der Eugen Krüger seit ihrer Gründung im Frühjahr 1931 angehörte. Hier fanden interne und öffentliche Versammlungen der NSDAP-Ortsgruppe, deren Wahlkampfabende und Schulungen statt. Hier tagten die politischen Leiter der Nazis und wurden jene Pläne geschmiedet, welche der NSDAP 1933 auch in der Teupitzer Stadtverordnetenversammlung die Vorherrschaft und dann die Alleinherrschaft sicherten. Der Boykott jüdischer Geschäfte 1934 und die Aktion zur Schädigung des ‚Kurheims' 1937 sind möglicherweise hier vorbereitet und ausgewertet worden.

‚Schenk von Landsberg' an der Lindenstraße, Postkarte 1910, K.-H. Hofmeister

‚Schenk von Landsberg' 1910

Erbaut wurde das Hotel-Restaurant von **Hugo Müting**, dem früheren Leiter des Teupitzer Kalksandsteinwerkes, der bis 1913 auch als erster Hotelier tätig wurde. Wie die anderen, heute denkmalgeschützten Bauten an der Lindenstraße, gestaltete **Paul Sagert** als Architekt diese ‚Zierde der Stadt'. Die feierliche Eröffnung des ‚Schenken' fand am 15. Mai 1910 statt. Der Namensgebung kam besondere Bedeutung zu, weil die Herrschaft der Schenken von Landsberg in Teupitz zu diesem Zeitpunkt schon 200 Jahre zurücklag, ihr Schloss vor über 100 Jahren abgerissen worden war und das einst einflussreiche Adelsgeschlecht in Vergessenheit zu geraten drohte.

1945 erlebte der ‚Schenk' seine schwärzeste Stunde: Wenige Tage vor Kriegsende wurden im Garten russische Kriegsgefangene ermordet. Eine Racheaktion gab es nach der Besetzung nicht. Die sowjetische Untersuchungskommission stellte die Einwohner frei von Schuld.

Das modern ausgestattete Hotel und Restaurant lockte mit erlesenen Speisen viele Sommerfrischler nach Teupitz und entwickelte sich zum Flaggschiff der Teupitzer Gastronomie. Das gute Essen im ‚Schenken' fand selbst in zwei DDR-weit bekannten Büchern von Joachim Seyppel und Gisela Heller eine Lobpreisung. Zugleich profilierte sich das Hotel als Zentrum städtischen Vereinslebens und Haus wichtiger kommunalpolitischer Ereignisse.

Im Unterschied zu den anderen Teupitzer Häusern konnte es sich im Auf und Ab der Stadtgeschichte bis heute behaupten und wird 2010 bereits sein 100-jähriges Jubiläum begehen. Die Inhaber **Emil John** (1920–1931), **Hans Arndt** (1952–1971), **Heiderose** und **Hartwig Scholz** (seit 1971) errangen dafür hohe Anerkennung im Schenkenländchen.

‚Bauernschänke' am Markt, Postkarte um 1927, Foto H. Reich

‚Bauernschänke' 1919

Am *7. Oktober 1919* eröffnete der ehemalige Schmied in der Schwartzkopf AG Wildau, **Albert Reich** (1881–1962), im Gebäude der früheren Restauration Paul Getschmann die ‚Bauernschänke' am alten Teupitzer Markt. Im Unterschied zum ‚Schenk von Landsberg' schreibt sich die Bauernschänke mit dem Umlaut ä, abgeleitet von dem veralteten Schank bzw. Ausschank und damit Hinweis auf ein Lokal für die kleinen Leute.

Ein Inserat von 1931 verdeutlicht das einst breite Leistungsangebot: ‚Gutbürgerliche Küche, gepflegte Getränke, Bootsanlegestelle und Shell-Tankstelle, Vereinszimmer, Fremdenzimmer, Angelgelegenheit, Kahnbenutzung, für Betriebsausflüge bis zu 50 Personen'. Am 22. Februar 1923 wurde hier der rührige Anglerclub ‚Früh auf Teupitz' gegründet. Darüber hinaus lebte das Lokal von den Sommerfrischlern und Ruderern aus Berlin und Umgegend. Gemeinsam mit seiner Frau Wilhelmine führte Albert Reich das Haus bis 1943, als die meisten Lokale per gesetzliche Verfügung schließen mussten und er in die Munitionsfabrik (‚Muna') Töpchin zwangsverpflichtet wurde.

Nach dem Krieg übernahmen **Johannes (Hans) Reich** (1915–1986) und seine Ehefrau **Herta Reich** die Gaststätte. Die staatlich gewollte Schere zwischen Gewinn und Steuern zwang beide 1953, die *Gaststätte der Konsumgenossenschaft* zu übergeben. Herta Reich, genannt ‚Herzeken', blieb die im Ort beliebte Geschäftsführerin, Hans Reich arbeitete nunmehr als Bootsbauer. Ihrer 36-jährigen Konsumzeit gedenkt Frau Reich mit Stolz, doch der Familienbetrieb wäre ihr lieber gewesen. Ein solcher wurde die ‚Bauernschänke' erst wieder 1989. Sie kann im Jahre 2009 ihr 90. Jubiläum begehen.

Kulturhaus, ehemals ‚Sängerheim' an der Gutzmannstraße, Postkarte um 1955, Archiv d. A.

‚Zum Sängerheim' 1930, ‚Kulturhaus' um 1953

Eines der ältesten Teupitzer Gasthäuser liegt zwischen der Gutzmannstraße und dem Seeufer. Es vereint die Vorteile der Stadt- und Seegaststätten und konnte sich deshalb über Jahrzehnte behaupten. Nach seinem einstigen Besitzer hieß es lange Zeit der ‚Piesnack'sche Gasthof'.

1930 pachtete der frühere Neuköllner Bariton **Georg Gohlke** das Gasthaus für zehn Jahre. Er ließ sämtliche Räume von dem Schweriner Kunstmaler Scholz neu ausgestalten, legte einen Garten bis zum See an und errichtete eine Dampfer- und Bootsanlegestelle. Seiner Neigung und Zielstellung gemäß gab er dem Haus den Namen *‚Zum Sängerheim'*. Im Mai 1930 lud er zum ‚Tag der Künstler' die Mitglieder der Künstlerkolonie vom Karbusch-See in Groß Köris ein.

1940 übernahm **Willi Kabula** als Pächter das Sängerheim. Unter seiner Leitung wurde es in den schwierigen Nachkriegsjahren zum Zentrum der Teupitzer Jugend. Hier fand die erste Friedens-Weihnachtsfeier mit den russischen Besatzern statt, hier traf sich die 1946 gegründete FDJ-Gruppe.

Nach dem Weggang des Eigentümers 1952/53 in die BRD, wurde das Haus in die Rechtsträgerschaft zunächst der Klinik, dann der Stadt übergeben und erhielt um 1953 den Namen HO-Gaststätte *‚Kulturhaus'*. Unter diesem Namen entwickelte es sich bis 1989 zum anerkannten Zentrum des politischen und gesellschaftlichen Lebens der Stadt, vor allem wegen der Möglichkeiten des einzig verbliebenen Saales in Teupitz. Tanzabende und Veranstaltungen aller Vereine, der Klinik und der Stadtverwaltung fanden hier ebenso statt, wie Einwohnerversammlungen, LPG-Feste und Manöverbälle.

Mit der Rückübertragung 1990 wurde das Haus geschlossen, verwaiste und konnte auch nach dem Verkauf 2003 von dem Erwerber noch nicht wieder zu neuem Leben erweckt werden.

Teupitz, den 28. Juli 1933.

Bericht.

Vertraulich wurde mir heute mitgeteilt, daß der Verwalter Moise Naimann in Teupitz, Am Kohlgarten 3, im Besitz einer Schußwaffe sei. Naimann ist Angehöriger der Union Sozialistischer Sowjet Republiken und steht unter Ausländerkontrolle.
Ich begab mich auf das von ihm verwaltete Grundstück und forderte die Vorlegung seiner Waffen. Er hatte eine Walther Pistole Modell PPK., Cal. 7,65, Nr.771811, mit zwei Magazinen und 13 Schuß Munition in seinem Besitz.
Wenn sich Naimann auch bisher politisch nicht betätigt hat, so stehen aber erhebliche Bedenken darüber, daß ein Angehöriger der USSR überhaupt im Besitz einer modernen Handfeuerwaffe ist.
Aus sicherheitspolizeilichen Gründen wurde von mir die Pistole m.M. sichergestellt und bei der hiesigen OB. in Verwahrung genommen.
Naimann ist nicht im Besitze eines Waffenscheins und hat auch keinen Waffenerwerbschein beantragt.
Ob Naimann die Pistole auch bei sich getragen hat, konnte ihm nicht nachgewiesen werden.

Pol.- Hauptw.

Teupitz, den 2.August 1933.

Akte zu Moisé Naiman, Kreisarchiv Landkreis LDS, Gemeindebestand Teupitz Nr. 106

‚Kurheim Teupitz', Moisé Naiman 1933

Das Kurheim im Kohlgarten Nr. 3 gehörte der Berlinerin **Else Fürst;** verwaltet wurde es von ihrem Schwiegersohn **Moisé Naiman** (1897) und ihrer Tochter Gerta Naiman, geb. Fürst (1910). Im Juli 1933 wurde Naimans Pistole von Polizeihauptwachtmeister Franzke eingezogen und ein Strafverfahren eingeleitet. 1934 begann ein Verwaltungsstreitverfahren wegen des ungenehmigten Schank- und Pensionsbetriebes. Ein Besucher zeigte an, dass das Kurheim ein rein jüdisches Unternehmen mit vorrangig jüdischen Gästen sei. Am 10.11.1937 erschien im ‚Teltower Kreisblatt' ein Artikel im üblichen Nazijargon:

> „Sowjetjude vergeht sich gegen das Blutschutzgesetz. Der 40 Jahre alte Jude Moische Naiman aus Teupitz wurde gestern vom Schöffengericht Berlin wegen Vergehens gegen das Blutschutzgesetz zu 7 Monaten Gefängnis verurteilt. Die Beweisaufnahme entrollte ein Bild von geradezu unglaublicher Frechheit. Der Sowjetrusse war Besitzer des inzwischen geschlossenen Kurhauses Teupitz. In seinem Gewerbebetrieb waren zwei arische Angestellte unter 45 Jahren tätig, die trotz der Nürnberger Gesetze bei Naiman auch in seinem Haushalt tätig sein mussten. Abgesehen von diesem Verstoß gegen die NS-Gesetzgebung, handelte der Jude auch sonst bewusst gegen das Gesetz. Die beiden Mädchen wurden neben Schlafräumen der im Kurhaus beschäftigten männlichen Juden untergebracht, mussten ihre Kleidung in dem dort stehenden Schrank unterbringen und waren gezwungen, mit dem hebräischen Personal zusammen zu essen. Auf Schritt und Tritt wurde ihnen nachgestellt."

In Teupitz wurde Naiman mit einem Schild um den Hals durch die Straßen geführt, die Beschädigung seines Kurheims wurde Ziel einer ‚Judenaktion' des hiesigen SA-Trupps. Das weitere Schicksal Moisé Naimans konnte nicht aufgeklärt werden. Das ‚Kurheim' ersteigerte der Berliner Kinobetreiber **Hugo Lembke;** in der DDR diente es als kommunal verwaltetes Wohnhaus; seit 1990 wird es privat genutzt.

Eisdiele am Markt, Foto d. A. 2000, 2002

Eisdiele 1969

In Nachbarschaft der schon 100-jährigen Apotheke am Markt lädt die Eisdiele Alt und Jung, Einwohner und Touristen zu einem freundlichen Aufenthalt bei selbst hergestelltem Eis und Kaffee oder zu einem kleinen Imbiss ein. Eröffnet wurde sie hier *1969 (1965 in der Poststraße)*, kann also schon auf das reife Alter von über 40 Jahren zurückblicken.

Inhaber des Familiengeschäfts sind von Beginn an die Eheleute **Alexander** und **Traute Wronowsky** (Jg. 1937 und 1941), bei Hochbetrieb unterstützt vom Sohn **Wolfgang Wronowsky**. Nur auf den ersten Blick erscheint die kleine Eisdiele keiner Erwähnung wert. Doch das Geschäft florierte schon in der DDR, überlebte deren Ende, sah das exclusive ‚Schosshotel Teupitz' und das stolze ‚Restaurant Kaatsch' kommen und gehen und behauptete sich am Markt. Das Geheimnis der Inhaber ist eigentlich keines: Moderate Preise, Freundlichkeit und nimmermüder Einsatz. Fragt man heutzutage Urlauber nach ihren Eindrücken von Teupitz, fehlen neben dem See drei Begriffe nicht, der ‚Schenk von Landsberg', die ‚Dahme-Schifffahrt-Teupitz' und – die Eisdiele. Sie kann als Beispiel für alle jene Teupitzer Gewerbetreibenden gelten, die durch ihre langjährige solide Arbeit Achtung und Ansehen in der Stadt erwarben.

Zu ihnen zählt der seit 1975 selbständige Elektromeister **Günter Mälitz** (Jg.1940), dessen Firma Elektroanlagen aller Art installiert und instand setzt, für Arbeiten an EV-Anlagen berechtigt ist sowie als Vertragswerkstatt verschiedener Großfirmen tätig wird.

Zugang zum ‚Tuptzer Hafen' vom Markt und vom See, Fotos d. A. 2003

‚Tuptzer Hafen' 1997

Nach 75 Jahren wurde auf dem ehemaligen Standort des ‚Restaurant Marwitz' wieder eine gastronomische Einrichtung eröffnet, der ‚Tuptzer Hafen'. Am *28. Juni 1997* lud der Inhaber **Steffan Kaubisch** (Jg. 1978) die ersten Gäste ein. Nach der Schließung des Restaurants im Vorderhaus sind ein *Hafencafé* und eine *Kombüse* in den neuen Hofgebäuden entstanden.

Neben diesen Lokalitäten verbergen sich hinter dem Namen ‚Tuptzer Hafen' des Weiteren die bereits am 22. Juni 1996 eröffnete *Bootsausleihstation* und der 2005 aufgenommene *Fahrbetrieb* mit einem Lastenponton von **Hans Kaubisch** (Jg. 1976) sowie der Anlegesteg für die Dahme-Schifffahrt-Teupitz.

Der Namen verdeutlicht durch die alte slawische Schreibweise von Teupitz die Verbundenheit mit der 700-jährigen Stadtgeschichte und betont das Besondere des Hauses, Hafen im doppelten Sinne zu sein: Einkehr in ein geschichtsträchtiges Lokal sowie Ausgangs- und Endpunkt besinnlicher Schiffs- und Bootsfahrten auf dem Teupitzer See.

Einwohner und Gäste der Stadt schätzen den ‚Tuptzer Hafen' als einen beliebten Treffpunkt mit Freunden und Bekannten. Hier entstand ein neuer Kristallisationspunkt eines zukunftsorientierten Tourismus rings um den Teupitzer See, vergleichbar den drei Seegaststätten vor einem Jahrhundert.

Die Erfolge dieser gewerblichen Aktivitäten beruhen auf ihrer Verknüpfung untereinander und mit der Schifffahrt auf dem Teupitzer See sowie auf ihrem Charakter als Familienunternehmungen.

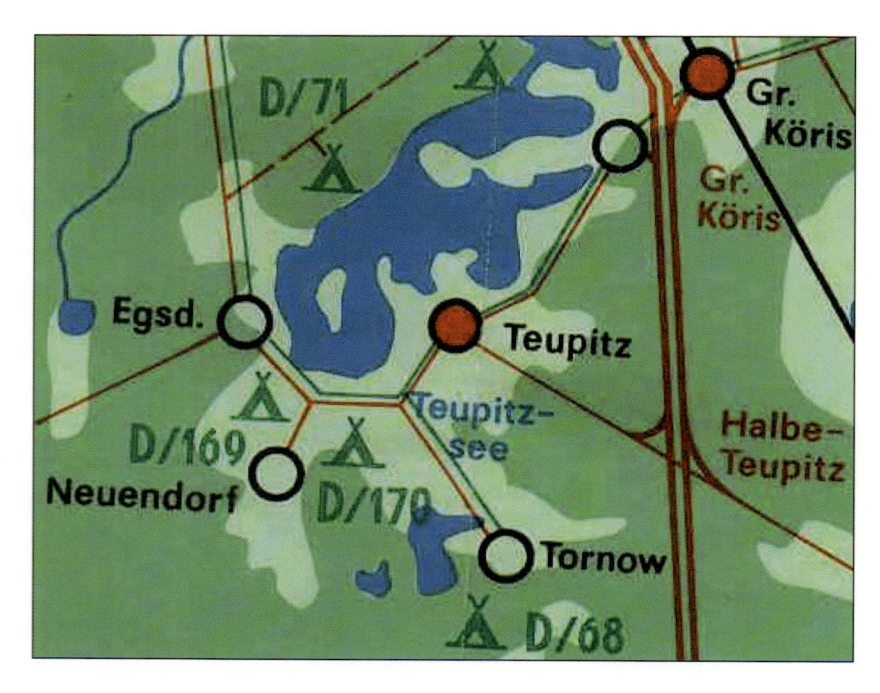

Campingplatzkarte von 1982 mit den vier Teupitzer Zeltplätzen, Auszug, Archiv E. Krause

Campingplätze um 1959–1989

Neben den DDR-typischen Betriebsferienheimen, Bungalowsiedlungen, Wochenendgrundstücken und einigen Privatunterkünften nutzten 1981 ca. 12% der hier Erholungssuchenden vier hiesige Campingplätze mit einer Kapazität von ca. 2100 Plätzen. Ein für 1959–1965 beschlossener Perspektivplan der Stadt zur Entwicklung des Erholungswesens um den Teupitzer See und der 1973 vollzogene Beitritt von Teupitz zum 1968 im Kreisgebiet gegründeten Zweckverband (ZVB) ‚Dahme-Tourist', der 16–18 Campingplätze mit ca. 11.200 Personen Tageskapazität vereinte, hatten die Qualität und Anziehungskraft der Campingplätze systematisch erhöht.

D/169 Campingplatz Teupitz-Neuendorf im Birkenwäldchen:
Waldplatz, Kapazität 250, nur Betriebswohnwagen, Bademöglichkeit am Teupitzer See, Stromanschluss; engagierter Platzleiter seit 1983 **Manfred Galm.**

D/170 Campingplatz Teupitz-Neuendorf am Teupitzer See:
Wiesenplatz, Kapazität 500, Zelte und Wohnwagen, Bademöglichkeit, Motorbootfahrten, Stromanschluss, Imbiss-Versorgung, Verkaufsstelle, Trockentoilette u. WC.

D/68 Campingplatz Tornow am Tornower See:
Waldplatz, Kapazität 350, nur Zelte, Bademöglichkeit, Ruderboot, Strom, Verkaufsstelle im Dorf, Trockentoilette; beliebte Leiterin von 1963–1993 **Elisabeth Krause** (Schulzendorf).

D/71 Campingplatz am Nordwestufer des Teupitzer Sees:
Waldplatz, Kapazität 1000, Zelte und Wohnwagen, Bademöglichkeit, Motorbootfahrten, Verkaufsstelle, Trockentoilette; geschätzte langjährige Platzleiterin **Hanni Lenz** (Töpchin).

Campingplatz D 68 Tornow 1987, Leiterin Elisabeth (Lisa) Krause, Fotos E. Krause

Campingplätze nach 1989

Die Finanzmittel des Zweckverbandes (ZVB) von ca. 600–800 TM (1981) kamen vor der Wende aus Einnahmen der Zeltplatzvermietung, aus Zuschüssen des Staates und der nutzenden Betriebe. Diese Zuschüsse blieben nach der Wirtschafts- und Währungsunion 1990 aus; der ZVB wurde 1991 aufgelöst und die Campingplätze auf Antrag den Gemeinden zugeordnet auf deren Flur sie lagen oder gleich privatisiert. Die Stadt Teupitz wollte und erhielt zunächst die Verwaltung und Rechtsträgerschaft über die genannten vier Campingplätze.

Die damals geförderte Flächennutzungs- und (oder) Bebauungsplanung, um die vier Campingplätze als Sondergebiete für Erholung auszuweisen, wurde von der Stadt nicht angestrebt und beschlossen, die kommunale Planungshoheit diesbezüglich nicht wahrgenommen. Die Campingplätze erhielten nur den Status ‚Bestandsschutz'. Infolgedessen konnten bzw. mussten Kreis und Forst Einzelmaßnahmen und Anträge ablehnen, sofern sie den Bestandsschutz überschritten.

Der *D/169* wurde von der Stadt unter Einsatz rechtlicher Mittel gegen die Nutzer geschlossen.

Der *D/170*, Kapazität ca. 180 Plätze, fand **1992** in **Michael Skupch** einen privaten Betreiber, der mit den drei Eigentümern des Grund und Bodens einen von der Stadt unabhängigen Pachtvertrag abschloss.

Der *D/68* wurde nach Ausscheiden der Zeltplatzleiterin Elisabeth Krause (1993) und dem uneffektiven Einsatz einer Zeitkraft 1997 von der Stadt geschlossen und dann renaturiert.

Der *D/71* existiert bis heute mit der unsicheren Kategorie ‚Bestandsschutz'; die von den Nutzern **Dr. Manfred Graichen** und **Günther Drews** mit dem **Verein Campingfreunde Teupitz e.V.** 1997 angestrebte Privatisierung wurde von der Stadt rigoros unterbunden, seine Zukunft ist damit ungewiss.

„Daß die Schützen Schützenleben schätzen,

das ist ganz am Platz.

Doch sie schätzen auch daneben

Ihren treuen Schützen - Schatz.

Schätzen Schützen ihre Schätze,

Jeder Schütz den Schatz beschützt,

Hoch der Schatz, den Schützen schätzen,

Schützen Schatz schätz seinen Schütz !"

Schützengruß der Teupitzer Schützengilde 1857 e.V., erstmals gesprochen von Kommandeur Ludwig Schultze zur Wahl des Vorstandes am 20.1.1898 im ‚Restaurant Marwitz', Teltower Kreisblatt 22.1.1898

Vereine – *insgesamt ca. 40; charakteristisch für die Stadtentwicklung erst in den letzten 100–150 Jahren*

‚Teupitzer Schützengilde 1857 e.V.'

Sie entstand nicht als Schutzbündnis der Teupitzer Bürger im Mittelalter, sondern erst am *10. Mai 1857* in Reaktion auf die Revolution von 1848. Wie der 1879 gegründete *‚Kriegerverein'* und die 1898 gebildete Ortsgruppe des *‚Deutschen Flottenvereins'* war ihr Vereinszweck auf die Stabilisierung des preußischen Staates bzw. Deutschen Kaiserreichs gerichtet, zugleich aber eng mit dem Alltagsleben der Bürger verknüpft. Sie erzog ihre Mitglieder zu Kaisertreue und zu Opferbereitschaft im I. Weltkrieg. Folgerichtig nahm in der Novemberrevolution 1918 nicht sie, sondern ein frei gewählter Arbeiter- und Soldatenrat die Ordnungsfunktionen in Teupitz wahr. 1933 wurde die Gilde vom NS-Regime gleichgeschaltet und blieb bis in die Kriegsjahre als dessen Mitläufer aktiv. 1945 erfolgte aufgrund alliierter Befehle ihr Verbot. Ab 1952 konnte der Schießsport in der Gesellschaft für Sport und Technik (GST) wahrgenommen werden, deren Ziele der vormilitärischen Ausbildung in der DDR galten.

Am *10. September 1993* wurde die Gilde als selbst bestimmter Sportverein im Geiste der *Tradition und Erneuerung* wieder gegründet. Sie stützte sich auf ihre demokratischen Traditionen, die breite Ausübung des Sportschiessens, die Mitwirkung bei der Entwicklung der Kommune, die Förderung des gesellschaftlichen Lebens in der Stadt und die Pflege ihrer volkstümlichen Bräuche. Ihre Schützenfeste und Bälle erfreuen sich des regen Zuspruchs der Einwohner und Gäste. Durch das Engagement ihres Gründungsvorsitzenden **Lutz Werner** (1942–2001) entwickelte sich die Gilde zu einer einflussreichen Kraft, die 2007 unter Vorsitz von **André Kuhla** bereits ihr 150. Jubiläum begehen kann.

**Obst- und Gartenbauverein
für Teupitz und Umgegend.**

Zu der am **Sonnabend, den 24. Februar 1917** abends 7½ Uhr im Vereinslokal stattfindenden

Versammlung

werden die Mitglieder ergebenst eingeladen.

Tagesordnung:
1. Rechnungslegung,
2. Abgabe bezw. Umtausch von Vereinsbüchern,
3. Einziehung der Mitgliederbeiträge für 1916,
4. Verschiedenes.

Um zahlreiches Erscheinen wird gebeten.

der Vorstand.

Kleintierzucht-Verein Teupitz und Umgeg.

Versammlung am **Freitag**, den 15. ds. Mts. abends 8,30 Uhr, im Vereinslokal **Hermann Lange**, am Markt.

Tagesordnung:
1. Protokollverlesung.
2. Aufnahme neuer Mitglieder.
3. Beschaffung von Heu.
4. Gratisverlosung von 2 R.-Sch.-Jungtieren.
5. Verschiedenes.

Zahlreichem Besuch sieht entgegen **Der Vorstand.**

Inserate aus: General-Anzeiger für die Kreise Teltow und Beeskow-Storkow, 23.2.1917

General-Anzeiger für die Kreise Teltow und Beeskow-Storkow, 15.11.1918

‚Obst- und Gartenbauverein für Teupitz und Umgegend' 1911

1911 wurde im ‚Restaurant Marwitz' dieser heute vergessene, für die Stadt überaus wichtige Verein mit dem Ziel gegründet, die Teupitzer Gegend zu einem ähnlich bedeutsamen Obstanbaugebiet zu entwickeln wie Werder bei Potsdam. Bis 1921 wurden etwa 3025 Obstbäume in Teupitz gepflanzt. Die 130 Mitglieder trafen sich bis 1922 regelmäßig im Vereinslokal ‚Marwitz' und nach dessen Schließung im ‚Goldenen Stern'. Die Vereins- und Erntefeste hatten wie die Schützenfeste immer stadtweiten Zuspruch. Als Vorstandsmitglieder prägten Bürgermeister **Johannes Schäfer** und der Arzt **Dr. Albert Gutzmann** wesentlich die Geschicke des Vereins.
Anlässlich des 10-jährigen Jubiläums 1921 wurden ein schwungvolles Erntefest und eine kreisweite Gartenbau-Ausstellung im ‚Restaurant Marwitz' gestaltet, zu welcher **Landrat Dr. Adolf von Achenbach** (1866–1951, Landrat 1908–1931) die Schirmherrschaft übernahm. Zum 20. Stiftungsfest 1931 überreichte die Deutsche Gartenbaugesellschaft eine Silbermedaille, die der Verein auf der Obstausstellung in Berlin errungen hatte. Ein Vertreter der Landwirtschaftskammer lobte das Bestreben, Deutschland von der übertriebenen Einfuhr ausländischer Genuss- und Lebensmittel frei zu machen.
Vergleichbare Aufgaben stellte sich der *1917* gegründete *Kleintierzucht-Verein*. Durch die Förderung der Ziegen-, Kaninchen- und Hühnerzucht trug er dazu bei, die kriegsbedingt katastrophale Ernährungslage der Teupitzer zu verbessern. Die stark besuchten Aufklärungsabende des Gartenbauvereins führten auch zur Gründung des Teupitzer *Imkervereins 1931*.
Letztlich sind die Ziele, Teupitz zu einem Obstanbaugebiet zu machen, aus vielerlei Gründen gescheitert, ebenso wie der Versuch von Parparts, den Weinanbau hier wieder heimisch zu machen.

Preisangeln der Teupitzer Angler 1930, Foto H. Reich

Anglerclub „Früh auf" Teupitz e.V. 1923

Am 23. Februar 1923 wurde in der ‚Bauernschänke' der Teupitzer Anglerclub als Ortsgruppe des 1921 ins Leben gerufenen ‚Arbeiter-Angler-Bundes-Deutschlands' gegründet, der sich gegen die ‚unerträglichen Verhältnisse am Fischwasser' richtete und die ‚Interessen der Minderbemittelten' vertrat. Der Club in Teupitz bezweckte, seinen Mitgliedern endlich Gelegenheit zum Angelsport an den Teupitzer Gewässern zu bieten, was ihm unter dem ersten Vorsitzenden, **Hermann Boche**, auch gelang. Das erste Statut wurde 1925, die Bestimmungen zum Preisangeln 1926 beschlossen.

2003 konnte der Club voller Stolz auf seine 80-jährige Entwicklung zurückblicken, wenn auch schmerzhafte Einschnitte, wie die Gleichschaltung in der Nazizeit, nicht ausblieben. Begehrt waren die Angelscheine besonders nach dem Krieg 1945, da das ‚Kochtopfangeln' half, den täglichen Hunger zu stillen. Als Ortsgruppe des DAV der DDR zählte der Club zu den mitglieder- und leistungsstärksten Organisationen im Kreis: 1988 erfasste er 165 Sportfreunde, darunter 16 Jugendliche und 30 Frauen. Charakteristisch wurden unter den Vorsitzenden **Helmut Krüger** (1970–1974) und **Gerhard Kleinert** (1974–1994) die enge Zusammenarbeit mit der Fischerei Teupitz im Interesse des Umweltschutzes, das vielseitige Engagement für die Entwicklung der Heimatstadt Teupitz und die freundschaftlichen Beziehungen zu den Anglern des sowjetischen Hospitals.

Der agile Verein konnte nach der Wende seine Mitgliederzahl bald wieder stabilisieren und unter Vorsitz von **Klaus Schwidde** (seit 1994) sein Eigentum sichern, das Statut neu fassen und das Vereinsleben aktivieren. Die Weihe der von **Johann Röck** gestifteten neuen Vereinsfahne zum 75. Jubiläum und die Festlichkeiten zum 80. Jubiläum des Anglerclubs wurden von der ganzen Stadt begangen.

Männer-Turnverein Teupitz

Deutsche Turnerschaft   Kreis III 6   Spreeturngau

Zu dem am
Sonntag, dem 3. Mai ds. Js., stattfindenden

Frühlingsanturnen

verbunden mit einem Wetturnen
/ beehren wir uns ganz ergebenst einzuladen /

Festordnung.

1. 2 Uhr nachm. Ausmarsch vom Vereinslokal Restaurant Marwitz nach dem Turnplatz (Hof der Gemeindeschule)
2. Freiübungen des M.-T.-Vereins Teupitz
3. Anturnen   „   „   „   „
4. Wettspiele der fremden Vereine (Faustball)
5. Allgemeines Kürturnen
6. Allgemeine Spiele
7. 7 Uhr abends Einmarsch
8. Ball im Vereinslokal. Preisverteilung.

Festbeitrag für Turner (einschl. Tanz) . 50 Pfennig
Eintritt für Gäste 20   „
Tanzgeld 50   „

Festausschuß und Kampfrichter tragen weiß-rote Schleife

Teupitz (Kr. Teltow), im April 1914.

Männer-Turnverein Teupitz

Voigt,   Faller,
Vorsitzender   Schriftwart

Turnverein, Brandenburgisches Landeshauptarchiv (BLHA), Rep. 8 Teupitz Nr. 84/1

‚Turn- und Sportverein 1911'

Als erster Sportverein in Teupitz wurde am 26. Juni 1907 im ‚Restaurant Marwitz' eine Ortsgruppe des Arbeiter-Radfahrer-Bundes Deutschlands gegründet, der ‚Radfahrer-Verein Einigkeit' mit dem Vorstand **Karl Schmidt**, **Karl Görsch** und **Hans Kaiser**.

Zum einflussreichsten Sportverein bis in die 30er Jahre entwickelte sich der am 11. Oktober 1911 unter Vorsitz des Stellmachermeisters **Gustav Miegel** gegründete *‚Turn- und Sportverein 1911'*. Zunächst nur aus einer Männerriege bestehend, konnte er unter Vorsitz von **Willi Krüger** bald auf eine Frauen- und eine Schülerriege, einen Chor, einen Spielmannszug sowie eine Theatergruppe verweisen und bis zum Beginn des II. Weltkrieges das städtische Leben in Teupitz wesentlich mitprägen. Am 23. und 24. August 1930 waren Verein und Stadt Gastgeber des imposanten 36. Gauturnfestes, das Tausende Gäste anlockte und als glanzvoller Höhepunkt in die Teupitzer Stadt- und Turngeschichte einging.

Weitere Vereine, die den Sport in Teupitz heimisch machten, waren: Segel-Club (1924), Schachverein (1928), Yachtclub (1929), Motorbootclub (1929), Fußballverein (1929) und der Flugsportverein (1931).

Die Wiedergeburt des Sportbetriebes nach dem II. Weltkrieg und dessen beachtlicher Aufschwung in den DDR-Jahren begann mit der Bildung der *‚Sportgemeinschaft Einheit Teupitz' (1950),* deren Umwandlung in die ‚BSG Medizin Teupitz' (1951) bzw. BSG Medizin Teupitz/Groß Köris (1967). Sie vereinigte erstmals alle in der Stadt wirkenden Sport-Sparten und konnte dadurch zusätzliche Kräfte mobilisieren. Zu den Pionieren der BSG zählten **Paul Krüger**, **Richard Rau** und **Walter Päutz**.

In jüngster Zeit errangen besonders die Fußballer des SV Teupitz/Groß Köris und die Schachgruppe der Schüler unter Leitung von **Hubert Ziersch** stadtweite Anerkennung.

Die neue Sporthalle, Foto S. Kaubisch 2006

Badeanstalt 1912, Sportplatz 1950/51, Sporthalle 1998

Am *20. Juli 1912* wurde die *erste städtische Badeanstalt* von Bürgermeister Leo Rösener am Ufer des ‚Restaurants Marwitz', dem heutigen ‚Tuptzer Hafen', eröffnet, für die Damen von 9–11, 14.30–17 Uhr und in der übrigen Zeit für die Herren. Die Finanzmittel hatte die Stadt bereitgestellt. Die *folgende Badeanstalt* eröffnete Bürgermeister Schäfer im Frühsommer 1931 an dem noch heute genutzten Ufer. Sie wurde bis in die 80er Jahre hinein genutzt und erhalten. Der Sand von der Neuendorfer Kiesgruben-Gesellschaft, ein stabiles Bollwerk, ein sicherer Steg und eine Umkleidehalle machten sie in der stillen und windgeschützten Bucht zu einem Magneten der Stadt. Nach 1989 wurden die Einrichtungen nicht mehr gepflegt und dann entfernt; es blieb eine Badestelle. Die 1908 eingerichtete Badeanstalt der Klinik am Tütschensee wurde schon früher geschlossen und renaturiert. Der *Sportplatz* entstand in den 20er Jahren, erhielt seine heutige Gestalt jedoch erst *1950/51* durch den freiwilligen Arbeitseinsatz von Kollegen und Patienten der Nervenanstalt und Sportlern der ‚BSG Medizin Teupitz', die im Rahmen des Nationalen Aufbauwerkes einen Wert von 50.000 Mark erwirtschafteten.

Als besondere Errungenschaft in der Teupitzer Sportgeschichte gilt die am *5. September 1998* vom Bürgermeister eröffnete moderne *Sporthalle,* ein 2,3 Mill. DM teures, mit Fördermitteln errichtetes Bauwerk. Die Einweihung gestaltete sich, getragen von der Freude der Schüler, Lehrer und Sportler, zu einem begeisternden Stadtfest. Sie ist inzwischen die beliebte Heimstatt der Teupitzer Fußballer, Volleyballer, Tischtennisspieler und Gymnastikgruppen geworden und ein Zentrum des Schulsports.

Fürsorge *Miteinander leben* *Fotos H. Krüger, 2001*

‚Seniorenclub Teupitz e.V.', 1999

Der 1999 gegründete Seniorenclub ist einer der jüngsten, aber wegen seiner sozialen Funktion zunehmend an Bedeutung gewinnenden Vereine in der Stadtgeschichte. Initiiert von den älteren Einwohnern, ist sein erklärter Zweck die Altershilfe und Altersfürsorge. Er knüpfte u. a. an DDR-Traditionen der Volkssolidarität und des Demokratischen Frauenbundes Deutschlands an, stellte jedoch die Beachtung der spezifischen Interessen der älteren Generation in den Mittelpunkt eines rechtlich selbständigen, örtlichen, sich selbst finanzierenden, nicht partei- und konfessionsgebundenen Vereins.

Sein aktiver Vorstand, mit dem *Vorsitzenden* **Helmut Krüger**, unterstützt von Ehefrau Gerlinde Krüger, den Mitgliedern **Anneliese Gunder, Anneliese Hoffmann** und **Hannelore Voigt**, konnte anlässlich des 5-jährigen Jubiläums 2004 eine beeindruckende Bilanz des Vereins vorlegen. Interessante Veranstaltungen, Krankenbesuche, Kondolenzen, eine vielschichtige individuelle Hilfe und persönliche Fürsorge brachten dem Verein hohe Anerkennung in der Stadt und die Wertschätzung des Kreises. Die zahlreichen gemeinsamen Busfahrten, wie nach Wernigerode, Rostock, Hamburg und Heringsdorf wurden gern wahrgenommen.

Die Bildung eines inzwischen bei öffentlichen Auftritten erfolgreichen *Seniorenchores* unter Leitung von **Kurt Lasseur** im Jahre 2002 und einer seit 2004 wöchentlich übenden *Gymnastikgruppe* unter Leitung von **Barbara Löwe** erweiterten das Vereinsangebot.

Das Wirken des Vereins wird in jedem Jahr mit einer traditionellen Dampferfahrt und einer beliebten Weihnachtsfeier gewürdigt.

Ortsklub Theodor Fontane - Teupitz

ORTS-FESTSPIELWOCHEN 1961 in Teupitz

Programm
vom 16. März bis 2. April

Ortsklub Theodor Fontane - Teupitz

Ortsfestspielwochen in Teupitz 1961

16. - 18. März
Wir schmücken im NAW-Einsatz Häuser, Straßen und Plätze
Die am besten geschmückten Häuser werden prämiert!

16. - 20. März
Die Fotoamateure liefern drei ihrer schönsten Fotos zum Wettbewerb ab
Annahmestelle im Rathaus

18. März, Sonnabend
Nun will der Lenz uns grüßen . . .
Eröffnung der Ortsfestspiele
Ein großes buntes Programm mit einem sowjetischen Ensemble und dem Männerchor Halbe
20 Uhr im Kulturhaus - Eintritt -,50 DM

19. März, Sonntag
Theaterfahrt nach Pätz zu dem Lustspiel »Bitte, dreimal klingeln!«

21. März, Dienstag
Filmveranstaltung
Nachmittagsvorstellung für alle Kinder - Eintritt frei

23. März, Donnerstag
Musikalische Kostbarkeiten
Ein kleines Konzert mit Unterstützung des Deutschen Fernsehfunks
20 Uhr im Rittersaal des Schlosses
Eintritt 1,50 DM, Rentner zahlen die Hälfte

Werbematerial der Stadt von 1961, Archiv d. A.

‚Verein für Bildung, Kultur, Tourismus und Gewerbe im Schenkenländchen e.V.' (BiKuT) 2004

Am 7. Mai 2004 gründete sich der BiKuT, beschloss seine Satzung und die Eintragung ins Vereinsregister. Als Zweck wurde die Förderung jener vier Aufgabenbereiche bzw. Sparten bestimmt, die in seinem Namen aufgezählt sind. Sein Wirkungsbereich ist das Schenkenländchen. Die Vielschichtigkeit des Zwecks und das gleichzeitige Hinausgehen über die Stadtgrenzen ist eine neue Erscheinung in der Geschichte des Teupitzer Vereinslebens. Zum Vorsitzenden wurde **Hilmar Stolpe,** zu Mitgliedern des Vorstands wurden u. a. **Doris Havenstein, Barbara Löwe, Bernd-Axel Lindenlaub, Birgit Bartl, Ronny Unger, Michael Skupch** und **Jacqueline Olm** gewählt.

Als historische Vorläufer im Sinne gleicher Teilziele wirkten bzw. wirken in Teupitz auf kulturellem Gebiet: Sängerkreis (1872), Lehrerverein (1925), Musikschule (1926), Tanzzirkel (1929), Kapelle der Landesanstalt (1927), Theatergruppen der Vereine (1925); Chor (1988), Posaunenkapelle (1976) und Sommerkonzertreihe der ev. Kirchengemeinde; der städtische Ortsklub ‚Theodor Fontane' (1961), die Kulturkommission der Stadtverwaltung (1955), das ‚Stern'-Kino (1918), das städtische ‚Kulturhaus' (1953); auf *gewerblichem Gebiet:* Gastwirteverein (1909), Gewerbe- und (Fremden-)Verkehrsverein (1925).

Nach zweijährigem Wirken zählen zur beachtlichen Bilanz des BiKuT der erste Teupitzer Weihnachtsmarkt 2005, die Organisation der Kinderferienspiele, die Bildung einer Kindersportgruppe, touristische Führungen, Ausstellungen, die Verbreitung ortschronistischer Arbeiten, populärwissenschaftliche Vortragsabende, Konzert-, Theater- und Ausstellungsbesuche.

Kaiser Wilhelm- und Krieger-Denkmal, Foto 1904   *Friedens-Denkmal, Foto 1966 G. Kleinert*

Erinnerungskultur

Kaiser Wilhelm- und Krieger-Denkmal 1904, Friedens-Denkmal 1966

1904. Einweihung des von Arnold Künne (Berlin) geschaffenen *Kaiser-Wilhelm-* und *Krieger-Denkmals* anlässlich des 25. Jubiläums des ‚Vereins ehemaliger Waffengefährten von Teupitz und Umgegend' (Kriegerverein). Geehrt wurde der am 18.1.1871 in Versailles zum Deutschen Kaiser gekrönte König von Preußen, Wilhelm I. (1797–1888): Die Kaiserkrone, das 1813 vom Preußenkönig gestiftete Eiserne Kreuz, ein bronzenes Relief des Kaisers und ein überlebensgroßer, 3 Ztr. schwerer Preußenadler zierten das Denkmal. Eine Bronzetafel unter dem Adler erinnerte an drei im Krieg 1870/71 gefallene Teupitzer.

1922. Das Denkmal erhielt eine Feldsteinumwehrung und wurde durch eine Tafel ‚Dem Andenken unserer im Weltkriege 1914–1918 gefallenen Helden' erweitert. Diese nennt 41 Gefallene mit Namen und Todesdatum. 1925 bezog der im Krieg abgenommene (oder eingeschmolzene?) Adler wieder seinen Platz.

1945. Das Kaiserbildnis und der Adler verschwanden in den Nachkriegswirren (oder vorher?), durch wen und wohin ist ungeklärt. Die Tafel 1870/71 wurde in der Kirche aufbewahrt. Eine Gedenktafel mit den Namen der im II. Weltkrieg Gefallenen wurde nicht angebracht; noch heute ist deren Zahl unbekannt.

1966. Anlässlich des Weltfriedenstages Neugestaltung als *Friedens-Denkmal.* Das Eiserne Kreuz wurde durch eine runde Bronzetafel mit der ‚Friedenstaube' verdeckt, dem von Picasso geschaffenen Symbol der Weltfriedensbewegung; der Obelisk erhielt eine Granittafel: ‚Die Toten zweier Weltkriege, die Opfer des Faschismus mahnen uns, dass nie wieder von deutschem Boden ein Krieg ausgehe'.

1998. Entfernung der Friedenstaube, die granitene Mahntafel blieb erhalten. Wiederanbringung der Kaiserkrone und der Tafel 1870/71. Der Preußenadler und das Kaiserbildnis wurden nicht aufgefunden.

Fontane-Tafel am Markt, Foto H. Sußmann, 1975   *Fontane-Gedenkstein im Park, Foto d. A. 2002*

Fontane-Tafel 1975, Fontane-Gedenkstein 1989

Am 1. Mai 1975 wurde von der Stadt am ehemaligen Gasthaus ‚Zum goldenen Stern', zu diesem Zeitpunkt als Konsum-Verkaufsstelle genutzt, eine Tafel zur Erinnerung an die Aufenthalte des großen Romanciers in Teupitz eingeweiht. Nach der Wende wurde das marode alte Gasthaus abgerissen, die Gedenktafel verschwand und wurde nicht erneuert.

Das erste Mal weilte **Theodor Fontane** (1813–1898) hier am *21. Juni 1862*. Er reiste von Berlin auf dem Postweg an und übernachtete im genannten Gasthaus, wo er mit der ‚Stern'-Wirtin, nach Recherchen des Autors keine fiktive Person, sondern **Friederike Wilhelmine Bullrich** (1805–1881), zum Frühstück ein Gespräch führte. Die literarische Ausbeute dieser Reise war sein bekanntes ‚Teupitz'-Feuilleton. Der zweite Aufenthalt ist datiert mit dem *8. Juli 1874*. Die dreitägige Fahrt von Köpenick auf dem Wasserweg fand ihren Niederschlag in einem der lebendigsten Kapitel seiner ‚Wanderungen durch die Mark Brandenburg': ‚Die wendische Spree'.

1928 wurde Fontane anlässlich seines 30. Todestages von der Stadt durch die Namensgebung des Platzes hinter dem Kantorat geehrt – als ‚eigentlicher Entdecker der Schönheiten unseres Sees und unserer Stadt'. Bei der Sanierung des Platzes *1989* wurde ein von **Gerhart Kleinert**, dem Vorsitzenden des hiesigen Anglerclubs, geschaffener *Gedenkstein* mit der Aufschrift ‚Fontane Park' aufgestellt. *2003* konnte dieser Platz unter Aufwendung von 165.000 € neu gestaltet werden als überzeugende Kombination von Kinderspiel-, Park- und städtischem Festplatz. Im gleichen Jahr wurde nach einem mittelalterlichen Stadtfest auf der Vorderseite des Steins eine bronzene Tafel befestigt, die keinen Bezug zu Fontane hat: ‚Zur Erinnerung an die Erstürmung der Stadt Teupitz durch die Alte Pankgrafenschaft 1928/2003'.

Willi-Bredel-Gedenkstein auf dem Schulhof, Foto H. Sußmann 1977

Willi-Bredel-Gedenkstein 1977

Am *27. Oktober 1977* wurde auf dem Schulhof ein schlichter Gedenkstein für Willi Bredel aufgestellt. Diesem Ereignis war die Verleihung seines Namens an die Schule am *7. Juli 1973* vorausgegangen.

Wie in der gesamten DDR hatte sich auch hier der Übergang zu einer allgemeinbildenden polytechnischen Oberschule (POS) mit 10-klassiger Schulpflicht vollzogen. Davon ausgehend war seitens der Schule und Lehrerschaft der Antrag zur Verleihung des Ehrennamens gestellt und auf einem feierlichen Schulappell von **Maj Bredel** (1915–2001), der Witwe Willi Bredels, die Namensgebung zur *‚Willi-Bredel-Oberschule'* vorgenommen worden.

Willi Bredel (2.5.1901–27.10.1964) hatte seit Mitte der 50er Jahre bis zu seinem Tod 1964 in einem Sommerhaus im Teupitzer Wohnviertel ‚Kohlgarten' Erholung und Entspannung gefunden und war deshalb hier gut bekannt. Als Spanienkämpfer, proletarisch-revolutionärer Schriftsteller und Präsident der Akademie der Künste (1962) genoss er hohes Ansehen in der DDR. Besonders die Trilogie ‚Väter', ‚Söhne' und ‚Enkel', der Störtebecker-Roman und zahlreiche Erzählungen hatten ein breites Publikum erreicht. Der 1934 erschienene Roman ‚Die Prüfung', in welchem er seine Erlebnisse im KZ Fuhlsbüttel verarbeitet hatte, war weltweit verlegt worden. In der BRD war und blieb der ‚Arbeiterschriftsteller, der wirklich ein Arbeiter und wirklich ein Schriftsteller war' (M. Reich-Ranicki) weitestgehend unbekannt.

1989/90 wurde der Name der Schule abgelegt und der Gedenkstein beseitigt.

Gedenktafel für Harro und Libertas Schulze-Boysen, Foto H. Sußmann 1981

Gedenktafel für Harro und Libertas Schulze-Boysen 1980

Am *22. Dezember 1980*, dem 38. Jahrestag der Ermordung der antifaschistischen Widerstandskämpfer **Harro** (1909–1942) und **Libertas Schulze-Boysen** (1913–1942), wurde an der Fassade des ehemaligen Gasthauses ‚Zum goldenen Stern' am Markt, zu diesem Zeitpunkt als Arztpraxis genutzt, eine Gedenktafel ihnen zu Ehren eingeweiht. Initiator war das Mitglied der Schulze-Boysen/Harnack-Organisation **Hans Sußmann**. Die Ehrung ging davon aus, dass beide ‚1942 zeitweilig in Teupitz wirkten'. Recherchen seitens des Historikers Hans Coppi und des Autors in jüngster Zeit ergaben ein genaueres Bild.

Am 3. März 1942 kaufte Libertas Schulze-Boysen durch Vermittlung des im gemeinsamen Widerstandskampf befreundeten **Paul Scholz**, später Minister in der DDR, ein Grundstück auf dem Egsdorfer Horst. Die Märkische Wochenendgesellschaft mbH, in welcher der damals in Groß Köris wohnende Scholz tätig war, hatte diese Insel seit 1928 Zug um Zug vermarktet. Vor und nach Abschluss des Kaufvertrages weilte das Ehepaar mehrmals mit Freunden auf dem Grundstück. Zu längerer Nutzung, zum Bauen und zur Grundbucheintragung sollte es nicht mehr kommen, da bereits im August/September die Verhaftung durch die Gestapo, die Einziehung des Vermögens und am 22. Dezember 1942 die Hinrichtung des jungen Ehepaares in Plötzensee erfolgte. Nach der Wende 1989/90 wurde die Gedenktafel abgerissen und nicht erneuert. Die Übertragung des Grundstücks an die Erben von Libertas Schulze-Boysen wurde seitens des zuständigen Bundesamtes abgelehnt, da keine Eigentumsumschreibung im Grundbuch erfolgt sei und der Antrag nicht fristgemäß gestellt worden wäre. Das Todesurteil des Reichskriegsgerichts wurde erst am 24.2.2006 aufgehoben.

> Im Nationalsozialismus lieferte die damalige Landesanstalt 1884 der ihr anvertrauten Patienten als lebensunwert dem Tode aus. Auf je eigene Weise wurden viele Menschen dabei schuldig.
>
> 60 Jahre später gedenken wir voller Scham der Opfer und rufen das Schicksal der Toten in Erinnerung.
>
> 10. Mai 2000

Gedenkstein für die 1884 Opfer der Euthanasie im Park der Landesklinik, Foto K.-H. Hofmeister 2000

Obelisk für die Opfer der Euthanasie 2000

Am *10. Mai 2000* wurde im Park der Landesklinik für Neurologie und Psychiatrie unter Anteilnahme des Landes, des Kreises und der Stadt ein schlichter schwarzer Obelisk als kollektiver Gedenkstein für die 1884 Opfer der nationalsozialistischen Euthanasie-Verbrechen eingeweiht.

Die Anstalt Teupitz war 1940/41 Zwischenstation für die Euthanasie-Tötungsanstalten, vorrangig jener in Bernburg geworden. Von den ungefähr 9000 Menschen, die dort ermordet wurden, kamen 1564 aus Teupitz. Nur wenig ist über die Opfer bekannt. Für die Abtransporte der ‚ausgesonderten' Patienten, die nicht geheim blieben, hatte nach Auskunft der Pflegerin **Marie Manthey** (1910–2000) in Teupitz der zynische Begriff ‚Fahrt ins Blaue' Verwendung gefunden. Der Anstaltsleiter Dr. Felix Großmann und der Oberarzt Dr. Kurt Hellwig wurden noch 1945 verhaftet und sind wahrscheinlich in Internierungslagern umgekommen; 10 von 71 NS-belasteten Pflegern wurden entlassen.

Die ersten Veröffentlichungen zu den Verstrickungen der Landesklinik in diese NS-Verbrechen erfolgten 1974 bzw. 1987 durch den Stadtchronisten Hans Sußmann und den ärztlichen Direktor Dr. Dieter Häußer. Umfangreichere Forschungsergebnisse zur Geschichte der Klinik legten die Potsdamer Historiker **Dr. Kristina Hübener** und **Wolfgang Rose** in dem Buch ‚Landesklinik Teupitz' 2003 vor.

Die Errichtung der beeindruckenden Gedenkstätte ist ein Verdienst der Krankenhausleitung unter dem Leitenden Chefarzt Dr. Jürgen Faiss. Geschaffen wurde sie von einem polnischen Steinmetz nach Vorlagen von Chefarzt Dr. Martin Heinze; ihre Finanzierung basierte auf Spenden des Pflegepersonals, befreundeter Firmen und der Klinik.

**Jüdisches
Wohlfahrts- und Jugendamt**

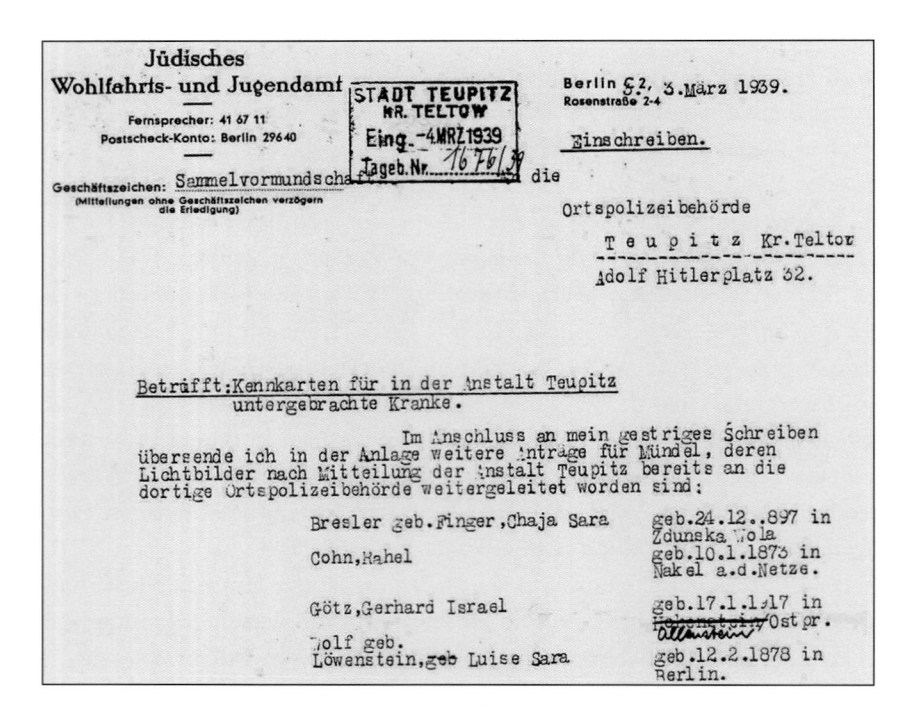

Fernsprecher: 41 67 11
Postscheck-Konto: Berlin 29640

Geschäftszeichen: Sammelvormundschaft die
(Mitteilungen ohne Geschäftszeichen verzögern die Erledigung)

STADT TEUPITZ
KR. TELTOW
Eing. -4 MRZ 1939
Tageb.Nr. 1676/

Berlin C2, 3. März 1939.
Rosenstraße 2-4

Einschreiben.

Ortspolizeibehörde

T e u p i t z Kr. Teltow

Adolf Hitlerplatz 32.

Betrifft: Kennkarten für in der Anstalt Teupitz
untergebrachte Kranke.

Im Anschluss an mein gestriges Schreiben übersende ich in der Anlage weitere Anträge für Mündel, deren Lichtbilder nach Mitteilung der Anstalt Teupitz bereits an die dortige Ortspolizeibehörde weitergeleitet worden sind:

Bresler geb. Finger, Chaja Sara	geb. 24.12.1897 in Zdunska Wola
Cohn, Rahel	geb. 10.1.1873 in Nakel a.d. Netze.
Götz, Gerhard Israel	geb. 17.1.1917 in ~~Hohenstein~~ /Ostpr. Allenstein
Wolf geb. Löwenstein, geb. Luise Sara	geb. 12.2.1878 in Berlin.

Kreisarchiv Landkreis LDS, Gemeindebestand Teupitz Nr. 157 (Auszug)

202

Drei Stolpersteine 2005

Seit dem *19. Oktober 2005* erinnern drei ‚Stolpersteine' vor der Landesklinik an die Euthanasie-Opfer der Nazis. Die eingravierten Namen **Fritz B., Willi Sch.** und **Paul Goesch** stehen stellvertretend für die 1884 Opfer aus der Heil- und Pflegeanstalt Teupitz. Mit diesen Stolpersteinen geben wir den Opfern ihre Namen zurück, betonte der bei der Verlegung anwesende Bildhauer **Günter Demmig**, durch dessen Aktion inzwischen ca. 4000 Steine in ca. 50 deutschen Städten geweiht wurden. Mit dem Schicksal Teupitzer Patienten hatten sich unter Hilfe der Historikerin Dr. Kristina Hübener neun Königs Wusterhausener Gymnasiasten beschäftigt, Sabine Witt vom Deutschen Historischen Institut mit dem Leben Paul Goeschs.

Durch Recherchen im Kreisarchiv konnte der Autor Namen von jüdischen Bürgern ermitteln, die im März 1939 in der Anstalt Teupitz gemeldet waren. Die Jüdische Gemeinde von Berlin, welche die Vormundschaft über diese Juden ausübte, schickte Anträge auf Ausstellung von Kennkarten sowie Anzeigen wegen der gesetzlich verfügten zusätzlichen Vornamen Israel und Sara an die Ortspolizeibehörde in Teupitz, aus denen **folgende neun Namen** und Geburtsdaten hervorgehen: Abisch, Max 4.1.1903, Bresler, Chaja 14.12.1897, Cohn, Gerhard 8.1.1908, Cohn, Rahel, 10.1.1873, Götz, Gerhard, 17.1.1917, Michaelis, Erich, 17.5.1902, Nadel, Hugo, 13.12.1903, Smedresmann, David, 17.3.1903, Wolf, Luise, 12.2.1878. Ob diese Patienten das Schicksal des Paul Goesch teilten, konnte vom Autor nicht zweifelsfrei ermittelt werden. Im ‚Gedenkbuch Berlins der jüdischen Opfer des Nationalsozialismus', das 55.696 Namen dokumentiert, sind sie nicht verzeichnet.

Kriegsgräberstätte an der Buchholzer Straße, Fotos d. A. 2002

Kriegsgräberstätte 1945, 1995

Die 1945 angelegte und 1995 völlig neu und würdig gestaltete Kriegsgräberstätte an der Buchholzer Straße gehört zu jenen stillen Plätzen in der märkischen Kleinstadt, die das Nachdenken über Kriegsursachen und Kriegsfolgen in ganz besonderer Weise fördern.

Im April/Mai 1945 war die Furie des II. Weltkrieges im idyllischen Schenkenländchen angekommen und hatte unter dem Befehl des **Generals der Infanterie Theodor Busse** (1887–1986), der später in leitende Funktionen der Zivilverteidigung/des Zivilschutzes der BRD avancierte, in der Halber Kesselschlacht noch 60.000 Soldaten in den Tod gerissen, von denen etwa 20.000, vorwiegend 18- bis 20-jährige, auf dem größten deutschen Soldatenfriedhof in Halbe bestattet sind.

Hier in Teupitz haben etwa 700 Kriegstote ihre letzte Ruhestätte gefunden. Bis 1945 wurden überwiegend Soldaten der deutschen Wehrmacht begraben, die ihren Verwundungen in dem Lazarett erlagen, das 1940/41 in der Landesanstalt eingerichtet worden war. Nach Kriegsende kamen in der Umgebung gefallene Soldaten hinzu, die hierher umgebettet wurden. Dass nicht wenige von ihnen identifiziert werden konnten, ist insbesondere dem Wirken von **Pfarrer Ernst Teichmann** (1906–1983) aus Halbe zu danken.

Die Verantwortung für die Gestaltung und Pflege dieser Stätte liegt bei der Stadt. Anlässlich des jährlichen Volkstrauertages versammeln sich hier Mitglieder der evangelischen Kirchengemeinde und Einwohner der Stadt, um der Opfer des II. Weltkrieges zu gedenken.

Eine Gedenktafel mit den Namen der in diesem Krieg gefallenen Teupitzer Bürger, wie sie 1922 für die Toten des I. Weltkrieges am Marktplatz angebracht worden ist, gibt es in der Stätte nicht.

Friedhofskapelle, aus: von Manteuffel, Neubauten der Landesirrenanstalt zu Teupitz, 1908

Friedhofskapelle 1908, 2003

Seit ihrer Sanierung und sorgsamen Restaurierung im Jahre 2003 fällt die Friedhofskapelle an der Buchholzer Straße wieder allen Bürgern und Gästen ins Auge. Die neu gestaltete städtische Kapelle gibt einen würdigen Rahmen für die Trauerfeierlichkeiten zum Abschied von den Verstorbenen.

Sie entstand als ein Funktionsgebäude mit dem Bau der Heil- und Pflegeanstalt 1905–1908 und verfügte über Leichen- und Einsegnungshalle, Sektionsraum und Leichenkammer. Für ihre Anlage wurde der alte Dorffriedhof von der Kirchengemeinde erworben. Schon 1828 war der Kirchhof an der Heilig-Geist-Kirche für Beerdigungen geschlossen und hierher zum Geesenberg verlegt worden. Später wurde er durch eine großzügige Anlage in einem ruhigen Waldstück am Stadtrand ergänzt.

Ein Rundgang über die Friedhofanlagen vermittelt Einblicke in die Stadtgeschichte. Bei der restaurierten Friedhofskapelle findet man noch einzelne, stark verwitterte Stelen, deren kaum lesbare Namen an das Teupitz des 19. Jahrhunderts erinnern. Auf dem unweit gelegenen älteren Teil des städtischen Friedhofs erinnern viele Grabsteine an Bürger, die den Gang der Stadtgeschichte in den letzten Jahrzehnten in dieser oder jener Weise nachhaltig beeinflussten.

Bei der Restaurierung der Friedhofskapelle und des Kaiserlichen Postamtes hat der Teupitzer Architekt **Vilco Scholz** (Jg. 1962) ebenso seine Handschrift hinterlassen, wie in Zusammenarbeit mit Dipl. Bauing. **Michael Niendorf** (Jg. 1960) bei der denkmalgerechten Gestaltung der Alten Schmiede, der neu errichteten Turnhalle, dem modernen Feuerwehrgebäude sowie bei der Sanierung des Rathauses und des Schulgebäudes.

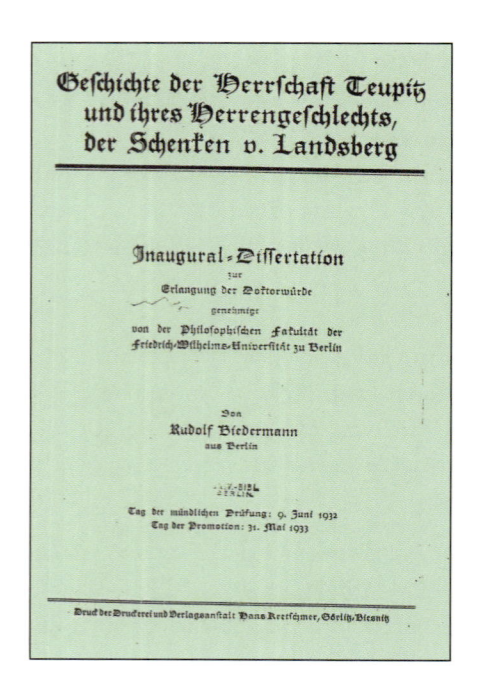

Zwei wichtige Werke zur Stadtgeschichte, Archiv d. A.

Stadtgeschichtsschreibung

Gestützt auf Arbeiten der Historiker Heinrich Berghaus (1855), Adolph Friedrich Riedel (1856), Ernst Fidicin (1857) und Willy Spatz (1905) folgte 1933 die bedeutendste, umfassende wissenschaftliche Arbeit zur Teupitz-Geschichte für die Jahre *1307–1717*, die Dissertation **Rudolf Biedermanns** ‚Geschichte der Herrschaft Teupitz und ihres Herrengeschlechts der Schenken von Landsberg'. Biedermann hat sie als junger, gerade einmal 25-jähriger Mann vorgelegt und konnte dabei auf ein wahrhaft beeindruckendes Quellenmaterial verweisen. Bei Bürgermeister Schäfer und Pfarrer Rothe von Teupitz hatte er dafür alle erdenkliche Hilfe gefunden. Seit Biedermann ist das Archivmaterial der Schenken von Landsberg im Geheimen Staatsarchiv Berlin-Dahlem, das der Autor 1997 einsehen konnte, im Prinzip nicht mehr bearbeitet worden und harrt somit noch immer einer neueren wissenschaftlichen Auswertung.

Die Archivmaterialien über die Stadtgeschichte nach dem Verkauf des Schlosses Teupitz an den preußischen König und der daraus folgenden Herrschaft der königlichen Amtsmänner von *1717–1812* sind bisher nur bruchstückhaft übersetzt und verwertet worden, auch, weil sie im Unterschied zu den Archivalien der früheren Phasen weit gestreut sind.

Für die neuere Geschichte der Stadt stehen die Arbeiten des Magistrats (1862, Staatsbibliothek), von **Franz Hoffmann** (1902, Staatsbibliothek), **Hans Sußmann** (1974/81) und **Lothar Tyb'l** (2005, Brandenburgisches Landeshauptarchiv oder Bundesarchiv) und eine Vielzahl Artikel zur Verfügung, die in ihrer Gesamtheit ein anschauliches *Bild der letzten 100 Jahre* vermitteln.

Literatur zur Stadtgeschichte, Archiv d. A.

Literarische Entdeckung 1862

„Überschlage ich meine eigene Reiserei, so komme ich zu dem Resultat, dass ich von solchen Spritzfahrten in die Nähe viel, viel mehr Anregung, Vergnügen und Gesundheit gehabt habe als von den großen Reisen, die sehr anstrengend, sehr kostspielig und meist demütigend sind. ... In Teupitz und Wusterhausen aber... bin ich immer glücklich gewesen." (Fontane am 4. Mai 1894 an seinen Sohn Theo)

Mit dem ‚Teupitz' – Feuilleton (1862) und dem Abschnitt ‚Die wendische Spree' (1874) im Vierten Teil/ ‚Spreeland' seiner ‚Wanderungen durch die Mark Brandenburg' hat Theodor Fontane den beeindruckenden Reigen literarischer Reflexionen über Teupitz und das Schenkenländchen eröffnet. Viele Schriftsteller, Journalisten und Wanderfreunde sollten ihm folgen. Hier eine Auswahl, deren Teupitzbezug in der Broschüre des Autors ‚Nicht irgendwohin, sondern nach Teupitz' kurz kommentiert nachzulesen ist:

Karl Friedrich von Klöden, Die Quitzows und ihre Zeit (1836), August Trinius, Märkische Streifzüge (1883), Anna Plothow, Märkische Skizzen (1900), Paula Förster, Der märkische Wanderkamerad (1910), Wilhelm Reichner, Wanderungen durch den Teltow (1925), Margret Boveri, Tage des Überlebens Berlin 1945 (1968), Joachim Seyppel, Ein Yankee in der Mark (1969), Albert Burkhardt, Auf Fontanes Spuren (1978), Wolfgang Eckert, Familienfoto (1982), Gisela Heller, Neuer Märkischer Bilderbogen (1986), Herbert Crüger, Ein alter Mann erzählt (1998), Hans Coppi/Geertje Andresen, Dieser Tod passt zu mir (1999).

Teupitz — Teupitz-See mit Insel Egsdorfer Horst

Der (oder die) Egsdorfer Horst, Postkarte von 1928, Archiv d. A.

Teupitzer Sagen

(Zitiert aus: Walter Garnatz/Fritz Jungnitsch, Teltower Sagen, 1932)

Die Schiffsbrücke im Teupitzer See

Durch den Teupitzer See erstreckt sich fast quer hinüber eine schmale Insel, „die Horst" genannt. Die soll einmal den Österreichern im Siebenjährigen Kriege einen nicht geringen Schreck eingejagt haben. Sie standen nämlich auf einem nahen Berge und sahen von da die Horst im See und hielten sie für eine Schiffsbrücke. Da glaubten sie denn, die Preußen kämen, und eilig sind sie davon gelaufen.

(Während des Siebenjährigen Krieges zwischen Preußen und Österreich 1756–1763 ging die Lausitz zeitweilig an die Österreicher verloren. Ihrem ‚sagenhaften' Erscheinen im Grenzgebiet Schenkenländchen könnte eine reale Tatsache zugrunde liegen. Der damals noch ausgedehnte Schilfgürtel um die Insel mag die Illusion von einer Schiffsbrücke gefördert haben.)

Der Nix vom Moddersee (Groß Köris)

Im Schulzen- und im Teupitzer See lebte ein Wassernix. Als der Schulzengraben ausgebaggert wurde, der den Moddersee mit dem Schulzensee verbindet, hat man ihn oft bemerkt. Er wollte keine Boote nach dem Teupitzer See durchfahren lassen. Wenn Ruderer kamen, mussten sie sich sehr anstrengen, denn der Nix hielt sie fest. Ein alter Fischer rief einmal ein paar Ruderern zu: „Feste, feste! De oll Nix hakt an!"

(Vor der Regulierung der Teupitzer Wasserstraße 1749 blieben die Kähne wegen des flachen Wassers und der Verkrautung im Moddersee und in den Kanälen häufig stecken. Noch 1896 mussten Köriser Fischer Ausflügler von einem Berliner Fahrgastschiff im Moddersee an Land holen.)

Die Nemissa-Sage

(Eine märkische Sage von Wilhelm Grothe, zitiert aus: Franz Hoffmann, Geschichte von Schloss und Stadt Teupitz, Selbstverlag Teupitz 1902; dort aufgenommen mit Genehmigung des Verlegers Paul Grüger, Rixdorf-Berlin.)

Unter den Seen der Mark Brandenburg ist der Teupitzer See einer der schönsten. Er wird umkränzt von bewaldeten Anhöhen, die stellenweise steile Ufer bilden. Früher herrschte hier in der Gegend nur bittere Armut. Konnten doch die Bewohner dem Boden kaum so viel abringen, als zum Leben unbedingt nötig war. Vor vielen, vielen Jahren lebte hier ein Fischer, namens Cornelius, der sein kleines Strohhäuschen am See bewohnte. Dieser hatte oft genug mit Not und Sorgen zu kämpfen. Doch hatte ihm der liebe Gott einen seltenen Schatz in seiner schönen Tochter Gertrud beschert. Sie führte nach dem Tode der Mutter mit sorglicher Hand das kleine Hauswesen weiter. Der Ruf ihrer Sittsamkeit und ihres Fleißes war groß und an Freiern fehlte es nicht. Friedrich Barsikow, der trefflichste Jüngling des Städtchens, warb um sie und suchte ihre Liebe zu gewinnen. Eines Abends folgte der gegenseitige Verspruch, bei dem nur der Mond stummer Zeuge war.

Doch lebte zu der Zeit im nahen Dorfe Schwerin ein Müller, der hieß Christoph Wulfen und war der reichste Mann des Schenkenländchens. Der hatte auch Wohlgefallen an dem hübschen und frischen Fischermädchen. Er schickte einen Freiwerber zu dem Fischer Cornelius. Der Vater war überrascht, dass ein so reicher Mann sein armes Kind begehre und gab mit Freuden seine Zusage, ohne seine Tochter zu fragen. Als diese heimkehrte und alles erfuhr, weigerte sie sich, den Christoph Wulfen zu heiraten. Der Vater wurde zornig, schlug auf den Tisch, drohte und schalt seine Tochter mit scharfen Worten, dass sie weinend das Haus verließ. Sie setzte sich an das Ufer des Sees und weinte bitterlich. So saß sie mehrere Stunden.

Da, als die Dämmerung sich auf die Erde nieder senkte, regte es sich; Friedrich Barsikow schwang sich über den Gartenzaun und umfing die Geliebte. Als er ihre Tränen bemerkte, fragte er bekümmert nach dem Grund ihrer Betrübnis. Sie erzählte mit fliegen-

der Hast, dass der reiche Müller, Christoph Wulfen aus Schwerin, um sie geworben und dass ihr Vater ihr mit seinem Fluche gedroht habe, wenn sie sich nicht fügen werde. Der Geliebte hatte lautlos zugehört und saß nun still und in sich gekehrt da. Würde sein Liebchen der großen Versuchung widerstehen und dem Zorne des Vaters auf die Dauer Trotz bieten können, um dem Geliebten die Treue zu halten? Gertrud, die wohl seine Gedanken ahnte, warf sich an seine Brust und gelobte ihm: „Ich bleibe dir treu, das schwöre ich dir jetzt in dieser Stunde. Der See möge mein Grab sein, wenn ich mich mit einem andern als mit dir vermähle."

Bald hatten beide alles Leid vergessen und merkten auch nicht, dass das Wasser aufwirbelte und ein dichter Nebel aufstieg, der sich zu einer weiblichen Gestalt verdichtete. Durch die Nacht aber hallten hohl und dumpf die Worte: „Nemissa hat deinen Treuschwur vernommen." Verwundert fragte Gertrud: „Was war das, was bedeutet das?" Friedrich antwortete: „Das war Nemissa, die Todesgöttin, die Rächerin der Untreue." Gertrud sah die Göttin entschweben und ein kalter Schauer durchrieselte ihren Körper. Friedrich erklärte weiter, dass die Göttin nach der Einführung des Christentums, als ihre Altäre zerstört und die Tempel verwüstet waren, sich auf dem Grunde des Sees einen Palast errichtet habe. Viermal im Jahre steige sie auf und man erzählt…

Doch hier unterbrach ihn die Geliebte und bat ihn, nicht so gottlose Reden zu führen. Der Herr Pfarrer würde das verdammen. Die alten Wendengötter waren eitel Lüge und darum mussten ihre Tempel fallen. Doch wieder suchte Friedrich sie zu überzeugen, dass Nemissa erschienen sei. Doch die Geliebte meinte, es sei nur ein Nebelstreif gewesen und was sie gehört, das sei der Wind im Hagedorn und in den Blättern des Apfelbaumes gewesen. Da erscholl plötzlich des Vaters Stimme. Sie mussten scheiden.

Seit jenem Abend waren vier Wochen vergangen. Während dieser ganzen Zeit hatte Gertrud ihren Friedrich Barsikow nicht wieder gesehen. Eine schwere Krankheit, von der er sich jetzt nur langsam erholte, hatte ihn ans Bett gefesselt. In dieser Zeit hatte sich manches geändert. Gertruds Widerstand gegen den Vater und gegen die Heirat war gebrochen. Die Hochzeit sollte bald stattfinden. Es war ihr lieb, ihren früheren Geliebten nicht mehr sehen zu brauchen, um dessen Vorwürfe wegen des gebrochenen Treuschwurs nicht zu hören.

Am Abend vor der Hochzeit stand sie allein im Garten am See und wünschte nichts sehnlicher, als dass erst die ganze Feier vorbei sein möchte. In Schwerin, in der Mühle, würde sie den einstigen Geliebten gar nicht oder doch nur höchst selten wieder sehen. Während sie solchen Gedanken nachhing, stand Friedrich Barsikow plötzlich neben ihr, bleich und zitternd. Sie schrie ängstlich auf und wollte entfliehen; doch er hielt sie fest und gab ihr die Versicherung, dass er nicht gekommen sei, um ihr Vorwürfe zu machen. Nur den Treuschwur wollte er ihr zurückgeben, damit sich Nemissas Zorn gegen ihn wende.

Bei der Erwähnung der wendischen Todesgöttin wurde Gertrud zornig und schalt ihn wegen seines Heidentums. Der Spukglaube des Heidentums, der schon seit Jahrhunderten dem Christentum habe weichen müssen, trenne sie allein schon voneinander. Solche harte Rede hatte Friedrich nicht erwartet. Traurig schlich er deshalb nach Hause. Doch plötzlich war es ihm, als ob eine Hand kühlend über seine Stirn hinfahre und eine Stimme ihm zuflüstere: „Geduld, Geduld, in wenig Stunden wird dein Leiden vorüber sein. Ich bin nicht grausam, ich beende den Schmerz und die irdische Qual!" Der Jüngling breitete seine Arme aus und rief: „Nemissa!"

Am folgenden Tage kam der reiche Christoph Wulfen mit seiner Sippe nach Teupitz, um die Braut nach vollzogener Trauung heimzuholen. Der herrliche Schmuck setzte Gertrud in Erstaunen und beim Anlegen desselben vergaß sie den einstigen Geliebten. Doch als sie die Kirche verließen, erinnerte Wulfen sie an den Schuster und fragte, ob er sie noch belästigt habe. „Er liegt schwer krank", erwiderte sie. „Das geschieht ihm schon recht", meinte der Müller, „wie konnte er's auch wagen, nach dir die Hand auszustrecken."

Einen fröhlicheren Brautzug hatte der Teupitzer See wohl noch nicht getragen. Voraus fuhr die Musik, die lustige Weisen spielte; dann kam der Kahn mit dem Brautpaar. Ihm folgte Gottfried Cornelius, der glückliche Vater und die Gäste. Elf Fahrzeuge bildeten den Zug.

Als die Mitte des Sees erreicht war und die Musik kurze Zeit verstummte, tönte plötzlich die Sterbeglocke von Teupitz herüber. „Friedrich", schrie die schöne Braut auf und sank ohnmächtig in Christoph Wulfens Arme. Ärgerlich rief der: „Da wollte ich doch gleich, dass uns der Teufel holte!" Plötzlich sauste ein Windstoss daher. Der Himmel bezog sich dichter, dunkler. Ein Blitzstrahl zuckte hernieder. Der See brauste gewaltig auf, so dass alle ängstlich bemüht waren, sich in Sicherheit zu bringen. Das Boot aber mit dem Brautpaare drehte sich in wildem Kreise, hoch rauschten die Wellen empor und den Ruderern schien es, als ob eine Nebelgestalt die Arme um das Brautpaar schlinge und es in die Tiefe hinabziehe. Den andern gelang es zu entkommen.

Die Leichen des Brautpaares sind niemals gefunden worden. Nemissa hält sie fest in ihrem unterirdischen Tempel.

Piekschlitten und Eissäge – zwei charakteristische Requisiten der Teupitzgeschichte. Foto G. Andrack 2002

Gruß vom herrlichen Teupitzsee   Der Sport blüht auch hier

Segelboote auf dem Teupitzer See, Postkarte 1928, Archiv d. A.

Quellen/Literatur (Auswahl)

Der Autor stützte sich auf Gespräche und Interviews mit Teupitzer Bürgern, auf Recherchen in Kirchenakten des Teupitzer Pfarramtes, im Archiv des Landkreises Dahme-Spreewald in Königs Wusterhausen, im Brandenburgischen Landeshauptarchiv in Potsdam, im Geheimen Staatsarchiv in Berlin-Dahlem, im Bundesarchiv in Berlin, im Bildarchiv Preußischer Kulturbesitz in Berlin-Mitte und in der Staatsbibliothek zu Berlin. Einblicke in das Stadtarchiv wurden bisher verwehrt.
Eine wesentliche Voraussetzung bildeten die Veröffentlichungen und Arbeiten der Teupitzer Stadtchronisten **Franz Hoffmann**, **Hans Sußmann** und **Dieter Meier**, die Zusammenarbeit mit dem Heimatverein Königs Wusterhausen, mit der Redaktion des ‚Dahme-Kurier', des ‚Blickpunkt' und dem BiKuT e.V. (Teupitz) sowie das eigene Teupitzarchiv aus 15-jähriger Sammlertätigkeit.

Auf dieser Grundlage entstanden von 1996–2005 Artikel und 12 Hefte des Autors zu speziellen Themen der Teupitzer Stadtgeschichte. Diese stehen den interessierten Lesern im **Brandenburgischen Landeshauptarchiv** (Sign. Nr. 6A 2915/1- 2915/12), in der Stadt- und **Landesbibliothek Potsdam** (Sign. Nr. 06.10001-10013) oder im **Bundesarchiv** (Sign. Nr. 06A 612-620, 06A174, 06C240) zur Verfügung und weisen detaillierte Quellen- und Literaturangaben aus. Aus diesen und aus technischen Gründen wurde hier auf ein Fußnotenverzeichnis oder auf spezifische Quellen- und Literaturangaben verzichtet.
Für ihre persönliche Hilfe zu den Vorarbeiten bzw. bei der Überarbeitung des Buchmanuskripts gilt der Dank **Egon Höcker**, **Karl-Heinz Hofmeister** (†), **Detlef Klaar**, **William Ludwig**, **Wolfgang Müller** und vielen Teupitzer Bürgern.

Teupitzansicht im Jahre 1977, Archiv d. A.

Nachwort des Historikers

Die Lektüre des von Lothar Tyb'l verfassten historischen Stadtführers zu Teupitz bestätigt, dass es in unserem Lande kaum einen Winkel gibt, der nicht auf eine interessante Geschichte zurückblicken kann und darüber hinaus über eine reizvolle landschaftliche Lage und viele Sehenswürdigkeiten verfügt. Man muss alles dies nur kennen. Viele Bürger sind sich allerdings oft nicht bewusst, auf welchem historischen Boden sie sich bewegen. Für Teupitz kann die vorliegende handliche Schrift Abhilfe schaffen. Sie stellt das Städtchen Teupitz in der Mark Brandenburg nicht in einer wissenschaftlichen Abhandlung vor, sondern macht den heutigen Bewohnern und ihren Gästen das für sie sichtbare Milieu durch Sachtexte, Bildmaterial und andere Dokumente historisch lebendig. Die Phantasie des Lesers wird angeregt, sich hinter dem heute noch Vorhandenen dessen Geschichte zu erschließen. So gewinnen Gebäude und Orte, Daten und Personen der Stadt eine neue Dimension, die anregt, ihnen mit Verständnis und Achtung zu begegnen. Der Stadtführer zeigt zudem, dass kein Flecken unseres Landes von den grundlegenden politischen, sozialen und kulturellen Auseinandersetzungen ausgeschlossen blieb und es keine Idylle in der gesellschaftlichen Entwicklung gibt. Alles das auch im kleinen Teupitz aufzuspüren, ist eine nützliche und notwendige Aufgabe, der sich der Autor mit umfangreichen Recherchen widmete. So entstand ein vielseitig nutzbares Hilfsmittel, dessen sich Lehrer und Schüler, Einwohner und Erholungssuchende, die Stadtleitung und die örtliche Wirtschaft mit Gewinn bedienen können. Insofern kann man der kleinen Schrift nur sehr viele Leser wünschen.

Prof. Dr. sc. phil. Helmut Meier, Leipzig, im April 2006

Postkarte 1995, Archiv d. A.

Das Schlosshotel Teupitz galt bei Betreibern und Gästen wegen seiner Lage und Geschichte als ‚einfach außergewöhnlich'.
Das verhinderte nicht seine Zwangsversteigerung und Schließung im Juli 2005.
Stadtväter und Einwohner hoffen, dem Herz der Stadtentwicklung durch das 700-jährige Jubiläum der urkundlichen Ersterwähnung 2007 neue Impulse zu verleihen.

Danksagung

Der Herausgeber und der Autor danken dem Augusta-Verlag für die freundliche Überlassung des Kartenmaterials. Die Originalität des Buches wurde bereichert durch die zahlreichen Zeitzeugen, die sich als Konsultanten zur Verfügung stellten und/oder eigene Dokumente zur Veröffentlichung freigaben. Ihnen gilt ebenso der Dank wie den nachstehenden Sponsoren, die durch ihre finanzielle Unterstützung die Herausgabe des Buches ermöglichten.

Anglerclub „Früh Auf Teupitz"
Anglerverein „Petri Heil" Teupitz
Heidemarie und Manfred Appel
Siegfried Baschin (Versicherungsmakler)
Dr. Horst Beske
Volkmar Bienge
Jörg Boesel und Elke Peschke
(Fischerei Teupitz)
Elke Cielke und Heinz Scholz
Dr. Peter Dankert (MdB)
Hatzfeldt-Wildenburg'sche Forstverwaltung
Günter und Renate Käse
Hans-Joachim und Sandra Kaubisch
(Bootsverleih & Hafenbetrieb)
Hans-Ulrich und Ilse Kaubisch
(Dahme-Schifffahrt Teupitz)

Marika und Steffan Kaubisch
(Tuptzer Hafen, Kombüse und Cafe)
Hannelore Kulessa (HEM-Tankstelle)
Gisela und Werner Kühnel
Rima und Ulrich Lewke
(Gaststätte zur Linde Tornow)
Helmut und Inge Lichtblau
Ingrid und Jürgen Lippok
Barbara und Wolfgang Löwe
Carsten Löwe (ICL Ingenieurbüro)
Claudia und Siegfried Möser
(SM-Autoteile)
Matthias und Nicole Noack
(Magic Color Malerei GmbH)
Andreas Pflugmacher
Karin und Reiner Oncken

Johann Röck (Röck Assekuranz)
Hartwig und Heiderose Scholz
(Gaststätte Schenk von Landsberg)
Alfred und Irene Schultze
Ulf Skowronski (Tischlerei Neuendorf)
Hilmar Stolpe (Versicherungsmakler)
Hagen Kaperski und Cathrin Born
(Augenoptik Kasperski)
Karin Weber (MdL)
Alexander und Angela Wittmar
Andree Wittmar
Regine und Werner Wittmar
Prof. Dr. Helmut und Dr. Karin Wolff
Alexander und Traute Wronowsky
(Eisdiele Teupitz)

Inhaltsverzeichnis

0. **Einführung**
   - 0.1 Geleitwort — 3
   - 0.2 Der Anlass — 5
1. **Der Teupitzer See**
   - 1.1 Entstehung und Bedeutung — 6
   - 1.2 Aussichten auf See und Stadt — 8
   - 1.3 Der Naturlehrpfad am Tornower See — 10
   - 1.4 Der Schweriner See — 12
2. **Das Schloss**
   - 2.1 Urkundliche Ersterwähnung 1307 — 14
   - 2.2 Das Schloss 1307–1812 — 16
   - 2.3 Das Schloss 1812–1945 — 18
   - 2.4 Das Schloss 1945–2005 — 20
3. **Die Stadt**
   - 3.1 Stadtrecht um 1437 — 22
   - 3.2 Anschluss an Brandenburg 1462 — 24
   - 3.3 Marktplatz — 26
   - 3.4 Stadteigenes Rathaus 1830 — 28
   - 3.5 Stadtsiegel um 1437, Stadtbuch 1578 — 30
   - 3.6 Stadtwappen und Stadtfahne 1927 — 32
   - 3.7 Stadtname ‚Teupitz am See' 1927 — 34
   - 3.8 Teupitzlied 1928 — 36
   - 3.9 Herkunft der Bevölkerung — 38
   - 3.10 Hans Kohlhaase um 1535 — 40
   - 3.11 Letzte Hinrichtung am Galgenberg 1769 — 42
   - 3.12 Die Bürgermeister — 44
   - 3.13 Ehrenbürger 1922: Dr. Albert Gutzmann — 46
   - 3.14 Ehrenbürger 1982: Hans Sußmann — 48
   - 3.15 Arbeiter- und Soldatenrat 1918 — 50
   - 3.16 Naziherrschaft 1933 — 52
   - 3.17 Serbische Kriegsgefangene 1941–1945 — 54
   - 3.18 Befreiung 1945 — 56
   - 3.19 Garnisonsstadt 1764–1994 — 58
   - 3.20 Freiwillige Feuerwehr 1907 — 60
   - 3.21 Kaiserliches Postamt 1910 — 62
   - **3.22 Wachstum der Stadt**
   - 3.23 Wärterdorf 1908, Auflösung des Gutsbezirkes 1927 — 64
   - 3.24 Der ‚Kohlgarten' 1927 — 66
   - 3.25 Egsdorfer Horst 1927 — 68
   - 3.26 Liebesinsel 1875 — 70
   - 3.27 Wohnanlage ‚Teupitzer Höhe' 1998 — 72
   - 3.28 Wohnanlage Bahnhofstraße 21 1939 / 1946 / 1996 — 74

3.29 Eingemeindung 1974 und 2003	76	
3.30 Sitz des Amtes Schenkenländchen 1992	78	

4. Kirchliches und geistiges Leben
- 4.1 Heilig-Geist-Kirche 1346, 1566 … 80
- 4.2 Sinapius und Melanchthon 1543 … 82
- 4.3 Pfarramt 1845 … 84
- 4.4 Kantorat 1787 … 86
- 4.5 Schule 1910 … 88
- 4.6 Spielmann-Verlag 1906–1933 … 90

5. Heil- und Pflegeanstalt
- 5.1 Landesirrenanstalt 1908 … 92
- 5.2 Kalksandsteinfabrik 1905–1912 … 94
- 5.3 Plan einer Teupitzer Schmalspurbahn 1905 … 96
- 5.4 Sowjetisches Hospital 1945–1994 … 98
- 5.5 Nervenklinik Teupitz 1949 … 100
- 5.6 Landesklinik Teupitz 1990–2005 … 102

6. Die Wirtschaft
- 6.1 Fischerei … 104
- 6.2 Ackerbau
- 6.21 Bauernhof Lehmann … 106
- 6.22 Bodenreform 1945, Kollektivierung 1960 … 108
- 6.3 Forstwirtschaft … 110
- 6.4 Schäferei und Schäferhaus 1777 … 112
- 6.5 Teupitzer Mühlen
- 6.51 Hohe Mühle 1668, Gasthaus 1904 … 114
- 6.52 Mittel-Mühle 1668, Wirtshaus 2002 … 116
- 6.53 Kleine Mühle 1668, Bockwindmühle 1872 … 118
- 6.6 Weinanbau, Amtmanns Weinberg … 120
- 6.7 Ziegelei, Torfstecherei, Teeröfen … 122
- 6.8 Braunkohlenschacht 1885, Kiesgrube 1900 … 124
- 6.9 Schifffahrt
- 6.91 Lastschifffahrt 1749 … 126
- 6.92 Fahrgastschiffsverkehr um 1900, Bohr's Brücke 1925 … 128
- 6.93 Sperrung des Sees 1903–1910, ‚Ketten-Schulze' … 130
- 6.94 Seereederei Lehmann 1912–1943 … 132
- 6.95 ‚Dahme-Schifffahrt-Teupitz' 1991 … 134
- 6.10 Sparkasse 1900 … 136
- 6.11 Pentairgasanstalt 1909, Elektrifizierung 1922 … 138
- 6.12 Gewerbepark 1994 … 140
- 6.13 Abwasseranlage 1997 … 142

7. Fremdenverkehr und Restaurationen
- 7.1 ‚Tornows Idyll' 1896 … 144
- 7.2 ‚Seebad Kleine Mühle' 1902, ‚Delfter Kamin' 1931 … 146
- 7.3 Krügers ‚Waldfrieden' 1910 … 148

7.4	Mekka der Ruderer um 1900, Eierfahrten, Seefest 1925	150
7.5	‚Zum goldenen Stern' um 1850	152
7.6	‚Zur Linde' um 1850	155
7.7	Bäckerei und Restaurant Kaatsch 1870, 1994	156
7.8	‚Restaurant Marwitz' 1874	158
7.9	‚Zur goldnen Sonne' um 1902	160
7.10	‚Schenk von Landsberg' 1910	162
7.11	‚Bauernschänke' 1919	164
7.12	‚Zum Sängerheim' 1930, ‚Kulturhaus' um 1953	166
7.13	‚Kurheim Teupitz', Moisé Naiman 1933	168
7.14	Eisdiele 1969	170
7.15	‚Tuptzer Hafen' 1997	172
7.16	Campingplätze um 1959–1989	174
7.17	Campingplätze nach 1989	176

8. Vereine

8.1	Teupitzer Schützengilde 1857 e.V.	178
8.2	Obst- und Gartenbauverein 1911	180
8.3	Anglerclub ‚Früh auf' Teupitz e.V. 1923	182
8.4	Turn- und Sportverein 1911	184
8.5	Badeanstalt 1912, Sportplatz 1950/51, Sporthalle 1998	186
8.6	Seniorenclub Teupitz e.V. 1999	188
8.7	Kulturverein BiKuT e.V. 2004	190

9. Erinnerungskultur

9.1	Kaiser Wilhelm- und Krieger-Denkmal 1904, Friedens-Denkmal 1966	192
9.2	Fontane-Gedenken 1975, 1989	194
9.3	Willi-Bredel-Gedenkstein 1977	196
9.4	Gedenktafel für Schulze-Boysen 1980	198
9.5	Obelisk für die Opfer der Euthanasie 2000	200
9.6	Drei Stolpersteine 2005	202
9.7	Kriegsgräberstätte 1945, 1995	204
9.8	Friedhofskapelle 1908, 2003	206
9.9	Stadtgeschichtsschreibung	208
9.10	Literarische Entdeckung 1862	210
9.11	Teupitzer Sagen	213

Quellen/Literatur (Auswahl)	219
Nachwort des Historikers	221
Danksagung	223
Inhaltsverzeichnis	225
Karten	228

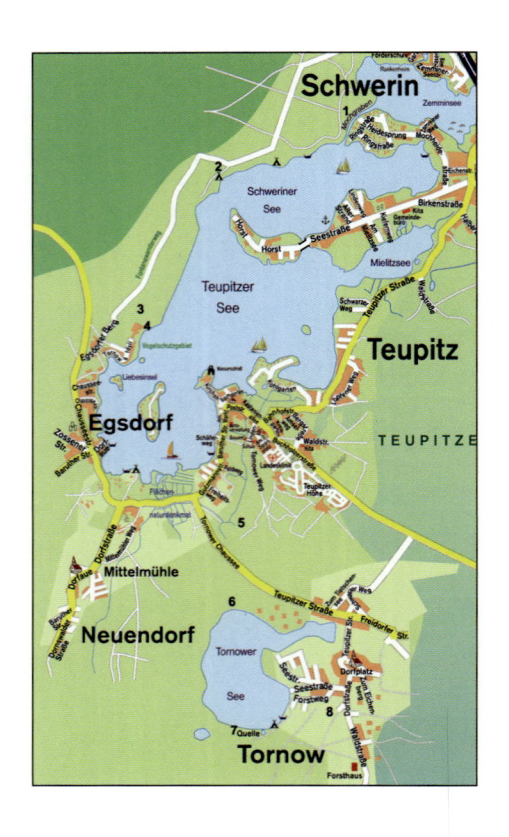

Legende *(Zusatz)*

Karte links
1. Mochheide-Graben
2. Campingplatz D 71
3. Amtmanns Weinberg
4. Krügers Waldfrieden
5. Abwasseranlage
6. Hohe Mühle
7. Klingespring
8. Forsthaus Massow

Karte rechts
9. Tornows Idyll
10. Liebesinsel
11. Egsdorfer Horst
12. Reste Ziegelei Asch
13. Kleine Mühle
14. Campingplatz D 170
15. Städtische Badestelle
16. Schäferweg
17. Bohr's Brücke
18. Sowjetisches Hospital
19. Wärterdorf
20. Kalksandsteinfabrik
21. Wohnanlage Bahnhofstraße 21
22. Gewerbepark

Kartenauszüge: Augusta Verlag Berlin

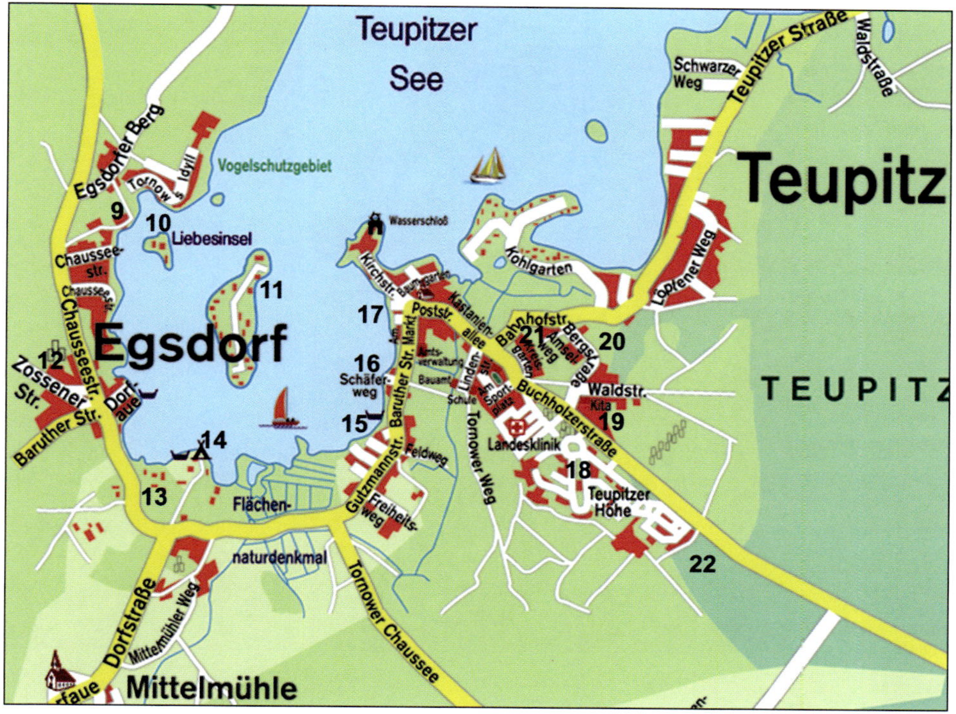
Teupitzer
See
Teupitz
TEUPITZ
Egsdorf
Mittelmühle
Vogelschutzgebiet
Liebesinsel
Wasserschloß
Kohlgarten
Teupitzer Straße
Waldstraße
Schwarzer Weg
Löptener Weg
Egsdorfer Berg
Tornow
Idyll
Chaussee-str.
Chausseestr.
Zossener Str.
Baruther Str.
Dorfaue
Kirchstr.
Poststr.
Kastanienallee
Bahnhofstr.
Amselweg
Bergstraße
Waldstr.
Kita
Buchholzerstraße
Landesklinik
Teupitzer Höhe
Tornower Weg
Lindenstr.
Am Sportplatz
Amtsverwaltung
Bauamt
Schule
Schäferweg
Baruther Str.
Markt
Gutzmannstr.
Feldweg
Freiheitsweg
Flächen-
naturdenkmal
Tornower Chaussee
Dorfstraße
Mittelmühler Weg
9
10
11
12
13
14
15
16
17
18
19
20
21
22

Gruß aus Teupitz a. See
Rast am Geesenberg

Notizen